ALEXANDRE KEN

DISSERTATIONS

HISTORIQUES, ARTISTIQUES ET SCIENTIFIQUES

SUR LA

PHOTOGRAPHIE

PARIS

LIBRAIRIE NOUVELLE

15, BOULEVARD DES ITALIENS, 15

1864

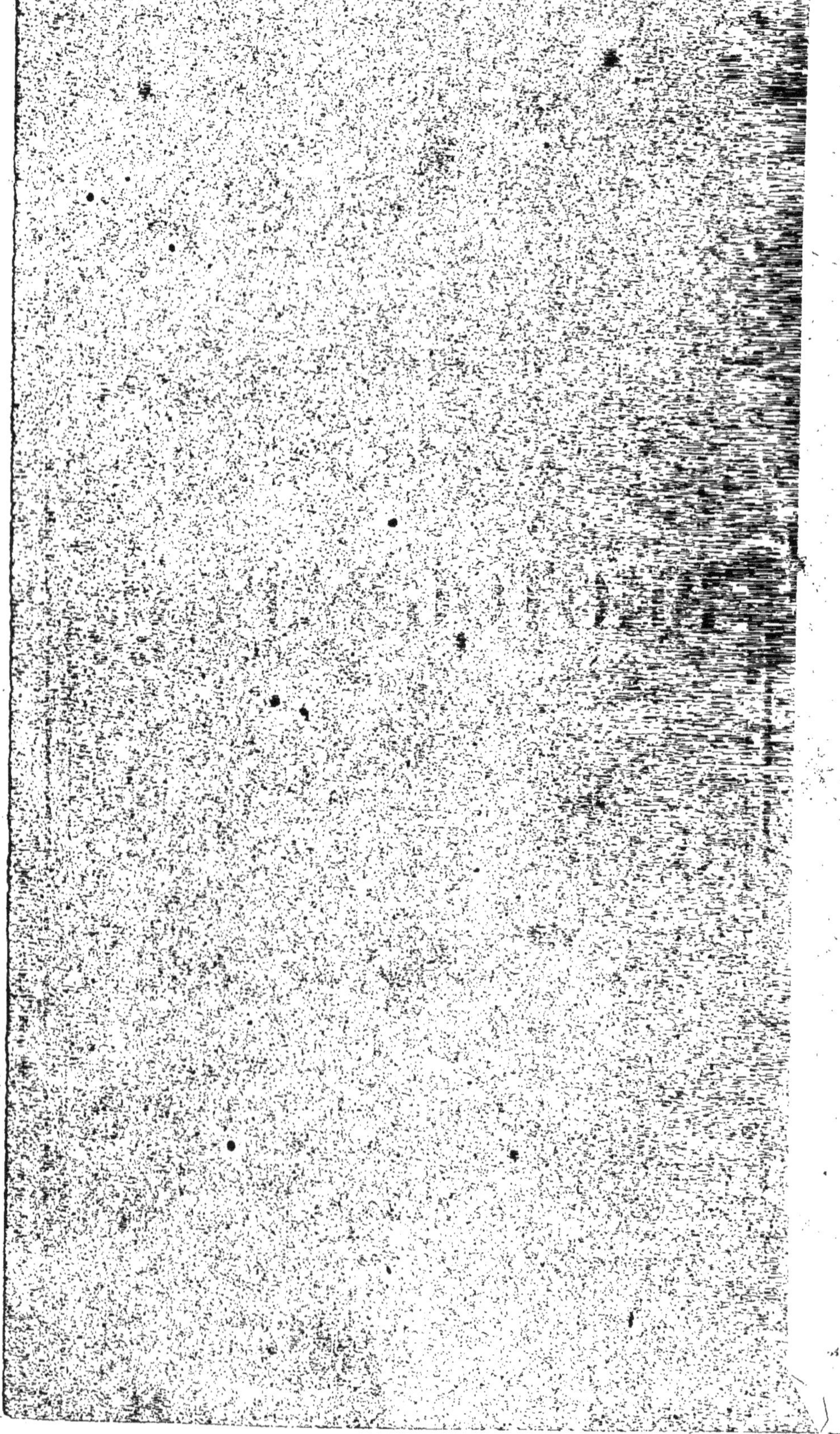

DISSERTATIONS

HISTORIQUES, ARTISTIQUES ET SCIENTIFIQUES

SUR LA

PHOTOGRAPHIE

PARIS — IMP. SIMON RAÇON ET COMP., RUE D'ERFURTH, 1.

ALEXANDRE KEN

DISSERTATIONS

HISTORIQUES, ARTISTIQUES ET SCIENTIFIQUES

SUR LA

PHOTOGRAPHIE

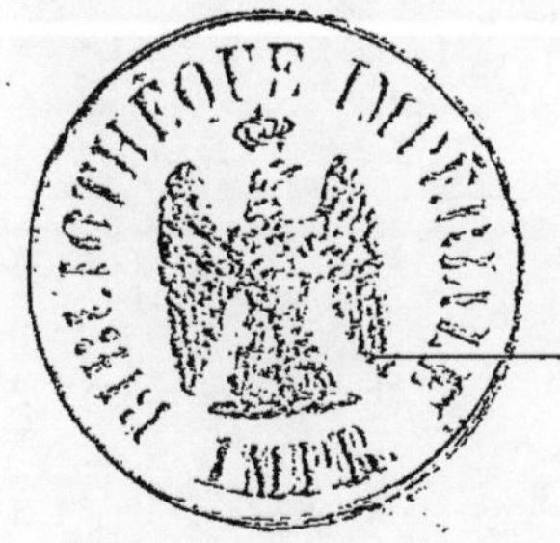

PARIS

LIBRAIRIE NOUVELLE

15, BOULEVARD DES ITALIENS, 15

1864

AVANT-PROPOS

L'avant-propos est, pour un livre, la carte de visite qui précède toute présentation. L'auteur y met ses titres et ses qualités et explique, en termes choisis, le sentiment qui a inspiré l'œuvre et le but qu'il veut atteindre. S'il est dans ses heures de franchise ingénue souvent, douloureuse quelquefois, il avoue qu'en racontant le drame mouvant de la passion et de la vie, c'est son cœur qu'il effeuille page à page; et s'il y traite des choses d'art, il confesse que, lorsque le feu de l'inspiration matinale envahit l'âme, le froid raisonnement de la critique ne saurait l'éteindre, mais que nul effort n'alluma jamais la flamme de l'art sur le front de celui qui ne portait pas en lui-même le sentiment du beau. Si un peu d'orgueil et quelques illusions se trouvent mêlés à ces aveux, qu'on le lui pardonne. L'orgueil de ses illusions est souvent la seule force qui soutienne l'artiste et l'écrivain dans la lutte. C'est de bonne foi qu'ils cherchent le beau ou le vrai; c'est de bonne foi qu'ils croient le posséder.

Permettez-moi donc, cher lecteur, de vous dire, en suivant un usage si bien justifié, pourquoi, au lieu de me borner à produire à l'aide de la lumière des œuvres sûres de vous plaire, je viens vous offrir une dissertation artistique et scientifique sur l'art auquel je me suis voué; au risque peut-être de voir mon livre moins bien accueilli que mes épreuves.

J'ai voulu faire de la chimie ma principale étude, et longtemps je m'en occupai d'une manière exclusive. L'action de la lumière sur la constitution moléculaire des corps attira mon attention. Je voyais dans ces phénomènes encore inexplorés tout un monde de découvertes, et je pris d'abord l'appareil daguerrien comme un simple instrument d'expérimentation scientifique.

La photographie était bien loin alors d'avoir atteint le degré de perfection où elle est arrivée aujourd'hui; c'était encore une science toute de tâtonnements. Pour obtenir quelques résultats, je dus modifier les procédés indiqués; mon but d'expérimentation me forçait d'ailleurs sans cesse à de nouveaux essais. Peu à peu, et presque sans m'en apercevoir, je fis de la perfection de l'image produite sur la couche sensibilisée ma principale étude, et, le succès m'attachant à l'œuvre, je devins photographe en croyant rester simplement chimiste.

Mais alors je compris bientôt que quelque chose d'aussi essentiel que l'instrument et le procédé me manquait encore pour rendre la nature telle que je la voyais, et pour traduire dans le portrait l'impression que j'éprouvais en face du modèle. L'art me manquait : je sentais que j'en avais en moi le sentiment, mais je n'en possédais pas le savoir. Il fallait le chercher ailleurs que dans le laboratoire du chimiste ou dans l'atelier du photographe. Je partis pour l'Italie et j'étudiai l'œuvre des vieux maîtres de Venise, de Florence et de Rome, génies divins qui savaient délayer dans un rayon de soleil la couleur de leur palette; je visitai l'Espagne, demandant à Velasquez le secret qui donnait la noblesse, le relief, la vie à ses portraits ; je tâchai d'apprendre les mystères du clair-obscur avec les Flamands ; je parcourus l'Allemagne, que j'avais longtemps habitée, et j'étudiai ses musées ; L'Angleterre m'ouvrit les ateliers de ses maîtres trop peu appréciés peut-être, parce qu'on ne tient pas assez compte du milieu dans lequel ils produisent. La peinture française m'avait fait deviner le sentiment moderne dans les arts : nulle mieux qu'elle ne peut donner le goût, la noblesse de la ligne, l'éclat de la couleur, la vérité dans le mouvement et la vie, si l'on sait prendre à chaque école la qualité qui la distingue, emprunter à chaque maître le caractère qui lui est propre.

J'avais pris la route sûre, la seule que je conseillerai de suivre à tous ceux qui veulent ne pas faire seulement métier de photographe, mais mériter la qualité d'artiste. Maître désormais de toutes les ressources de la photographie comme science et comme art, je me mis à l'œuvre sans songer à faire une industrie sérieuse de ce que je ne regardais encore que comme une distraction intelligente, une occupation d'amateur.

Quelques portraits que je fis coururent dans le monde; des demandes m'arrivèrent. Je ne pouvais ni les refuser, ni subvenir à tous les rais si onéreux qu'entraînent les opérations photographiques aussitôt qu'elles se développent; je m'installai dans un nouvel atelier qui, s'agrandissant avec la clientèle qui m'arrivait de toutes parts, prit bientôt tout l'espace qu'il occupe aujourd'hui, et je réunis ainsi, sous ma surveillance et dans le même établissement, les différentes branches qui constituent l'industrie photographique. Ce succès me prouva que j'étais dans la bonne voie; en devenant ainsi industriel, j'ai tâché de rester artiste, et je n'ai jamais cherché en dehors de mes travaux les moyens d'agrandir la réputation de ma maison.

Ce livre ne sera donc que le résumé de ce que j'ai lu, appris ou observé sur les choses de mon art. Je puise ce qu'il contient dans les mille feuillets détachés écrits à l'heure du loisir. Des flots de rayons lumineux n'inondent pas toujours un ciel bleu et profond; malgré le calendrier et l'Observatoire, d'épais nuages surplombent sur nos têtes dans les saisons les plus belles, et tamisent à grand'peine une lumière faible et décomposée, qui n'imprime sur les plaques qu'une image terne, indécise et sans vie, comme le reflet d'un pâle fantôme; puis viennent les mois noirs, les temps des longues brumes et des courts soleils. Le photographe n'a plus alors, s'il veut encore vivre avec les choses et les pensées de son art, qu'à feuilleter les livres qui en traitent, à remonter vers ses origines pour mieux comprendre comment s'accomplit le progrès, à analyser les impressions qu'il a reçues, les observations qu'il a faites, et à jeter tout cela sur le papier, afin qu'au moment voulu, il y retrouve le souvenir ou l'enseignement utile qui lui permettront de réaliser un nouveau progrès, de marcher vers une nouvelle découverte.

Ce livre ne contiendra pas les enseignements nécessaires pour faire un photographe; il suffira pour apprendre à l'homme de goût l'histoire de la photographie et lui donner une idée nette et précise de sa découverte, de ses différentes phases, et du développement et du degré de perfection qu'elle a aujourd'hui atteints. Il lui apprendra quelles sont les qualités que doit posséder une épreuve photographique pour mériter le titre d'œuvre d'art. C'est le seul but que nous ayons voulu atteindre.

Un dernier mot avant de terminer cet avant-propos, dans lequel j'ai été forcé d'entretenir le lecteur de ma personnalité bien plus que je ne l'eusse voulu. L'histoire de la photographie, quoique fort courte encore, est déjà très-obscure à cause du nombre infini des personnes qui ont concouru à ses progrès et des prétentions rivales qui surgissent autour de chaque découverte. Lorsqu'un certain nombre d'individus cherchent isolément à obtenir des perfectionnements nettement indiqués à tous, il est plus que probable que la même idée surgira dans plus d'une tête en même temps, et il sera très-difficile de déterminer auquel des inventeurs appartient la priorité d'une découverte que chacun d'eux voyait flotter dans l'air. J'ai souvent trouvé chez d'autres des procédés que je croyais seul connaître, et j'ai entendu prôner comme nouvelles des découvertes que j'employais ou que je connaissais depuis longtemps. Que mes confrères me pardonnent donc s'ils ne trouvent pas leurs noms inscrits à côté des perfectionnements qu'ils croient avoir apportés. De crainte d'injustice ou d'erreur j'ai évité, autant que possible, de nommer personne.

Ne me croyant pas assez autorisé pour distribuer la louange ou le blâme, je m'abstiendrai d'en donner à aucun. L'art seul m'occupera.

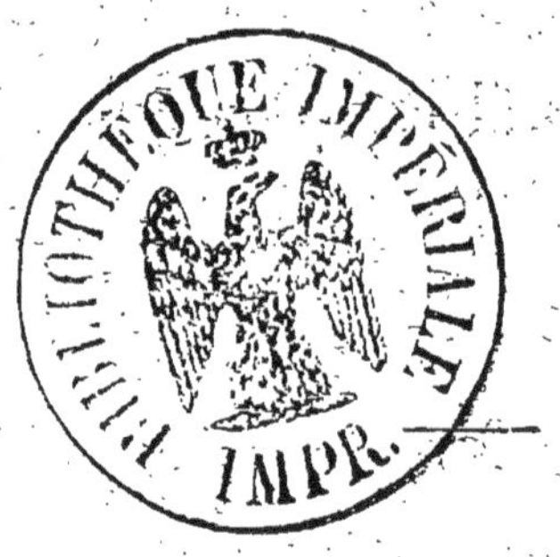

DISSERTATIONS

HISTORIQUES, ARTISTIQUES ET SCIENTIFIQUES

SUR LA

PHOTOGRAPHIE

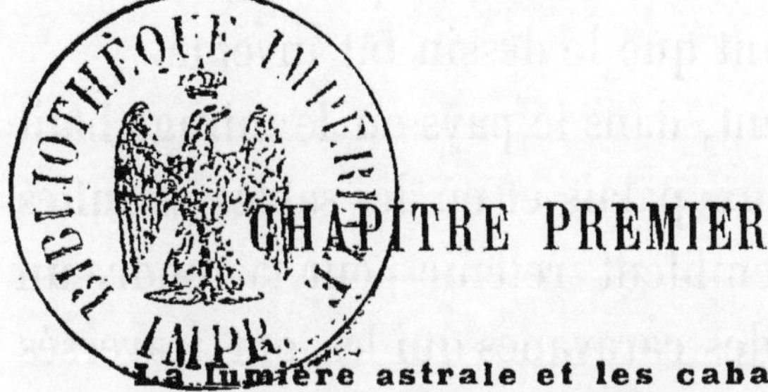

CHAPITRE PREMIER

La lumière astrale et les cabalistes.
Le miroir magique.
L'argent corné des alchimistes.
Les silhouettes de Charles. — Niepce et Daguerre.

On voit dans un musée de *Guttheingue* un merveilleux portrait de jeune fille peint dans une glace. C'est une œuvre suave et étrange qui impressionne aussi vivement que la Joconde. La légende qui se rattache à tout chef-d'œuvre sans nom raconte que la jeune fiancée prête à s'arracher des bras de son bien-aimé, et voulant lui laisser son portrait, fut poussée par un irrésistible désir à se regarder dans la glace, et que le cristal retint son image. L'idée du conte, rappelée par Gœthe, Schiller et Hoffmann, est charmante, mais la rêveuse Allemagne ne l'eut pas seule. Le premier amant qui vit les traits de sa bien-aimée reproduits dans le métal poli désira fixer cette fugitive image, et l'idée de la photogaraphie naquit ainsi dans l'esprit de l'homme longtemps avant que le dessin fût inventé.

Née en Orient, dans le pays où le mirage bâtit ses merveilleux palais et où les sables chauffés par le soleil semblent retenir pour la rendre un jour l'image des caravanes qui les ont traversés et des oasis ensevelies par le simoun, la cabale, qui n'est que la tradition lointaine des civilisations et des croyances passées, a fait de la conservation des images par la lumière astrale un des dogmes qu'elle transmit par initiation, et qu'adoptait Paracelse lorsqu'il cherchait avec les alchimistes le secret du miroir magique. MM. Constant et Desbarolles, les deux grands adeptes de la cabale à notre siècle, nous ont fait connaître dans leurs livres de haute science cette curieuse doctrine.

Pour eux, rien ne se perd dans la nature, les formes antérieures ne sont pas même détruites, le moindre reflet est empreint et conservé dans une matière éthérée qui forme la lumière astrale et nous enveloppe, et ces images, vains fantômes en apparence, apparaissent ou reviennent à la vie lorsqu'une force sympathique et appropriée les évoque. Le médium ou le somnambule lit dans la lumière astrale et jouit simplement, suivant eux, d'une vue plus parfaite que celle du vulgaire. Si l'on se montre trop incrédule à de pareilles doctrines, ils vous citent volontiers les fantaisies de Balzac dans *Louis Lambert* et ce passage du *Cousin Pons* : « Si quelqu'un fût venu dire à Napoléon qu'un édifice et qu'un homme sont incessament et à toute heure représentés par une image dans l'atmosphère, que tous les êtres existants y ont un spectre saisissable, perceptible, il aurait logé cet homme à Charenton, comme Richelieu Salomon de Caux à Bicêtre, lorsque le martyr normand lui apporta l'immense découverte de la navigation à vapeur[1]; c'est là cependant ce que Daguerre a découvert. »

[1] La légende populaire qui, aujourd'hui, attache Salomon de Caus au pilori des inventeurs, est fausse ; elle repose sur une lettre apocryphe, plaisanterie très-bien réussie d'un spirituel journaliste, mais qui a le tort fort grand de répandre une erreur historique. Salomon de Caus n'inventa pas la machine à vapeur et ne fut pas à Bicêtre.

L'idée de fixer l'image d'une manière durable ne date donc pas d'hier, les siècles antérieurs l'avaient sentie passer sous leurs fronts et s'étaient mis à la recherche des moyens de résoudre ce problème. Le moyen âge tout entier avait poursuivi ce but sans résultats possibles, il est vrai, mais ses expériences, quelque incomplètes qu'elles fussent, tendaient à faire descendre l'idée des hauteurs mystérieuses où l'avait prise la cabale dans le domaine des faits, et étaient les prémices fatales de celles du dix-huitième siècle. L'alchimie s'égara sans doute à la poursuite de plus d'un rêve, mais elle précédait et avait annoncé la chimie comme les lueurs encore sombres de l'aube précèdent et annoncent l'éclat du jour. Ses efforts pour conquérir le secret de la transmutation des métaux l'avaient mise sur la voie de quelques découvertes d'où sortit l'invention, aujourd'hui incontestable, du miroir magique.

« Lorsque Schrœpfer, que tout Leipzig a connu, dit un auteur fort versé dans ces matières, lorsque Schrœpfer faisait apparaître dans un miroir magique l'ombre des parents de ceux qui le consultaient, il ne faisait pas autre chose que ce que fait chaque jour le photographe. Il allait seulement un peu plus loin. Il augmentait la puissance visuelle et voilà tout. Lorsque plus tard cette puissance sera généralement développée, on trouvera bien ridicule ce que nous appelons maintenant la raison. »

La photographie n'est donc pas tout à coup, comme Minerve du cerveau de Jupiter, sortie du cerveau d'un mortel privilégié. Sa genèse serait longue et curieuse. Elle suivrait l'esprit humain dans toutes les phases de son développement ; nous la verrions jouant son rôle dans l'initiation antique, préoccupant les souffleurs chercheurs du grand œuvre et se formulant parfois d'une manière si nette dans l'esprit d'un rêveur, qu'on se demande presque si ces secrets ne furent pas vingt fois trouvés et perdus.

Ce que nous constatons là n'enlève rien à la gloire de l'époque qui a su mener l'enfant à terme, mais les faits qui précèdent prouvent que si, de nos jours, deux hommes, profitant des études et des tentatives de leurs devanciers, ont pu créer un art nouveau, que si l'un des deux surtout a pu attacher son nom à la découverte qui fait leur gloire commune, quelques esprits hardis les avaient devancés, et que les efforts de leurs prédécesseurs furent d'utiles jalons placés par le passé sur la route de l'avenir. En faisant la part des premiers nous faisons en même temps la part des derniers venus. Ceux-ci ont utilisé l'héritage des générations précédentes. La richesse amassée n'a pas diminué entre leurs mains, elle s'y est accrue, au contraire, et leur triomphe définitif est devenu le trésor de tous.

Ces longs tâtonnements sont d'ailleurs le fait de tout progrès humain ; toutes les découvertes ont leur gestation longue et pénible, leur enfance pleine de faiblesse et d'incertitude, et lorsque après avoir grandi à l'ombre, elles éclatent au grand jour, elles font l'étonnement et l'admiration universels.

Il y eut un jour de l'année 1839, le 10 août, où l'esprit tout entier d'une nation s'associa dans le sentiment d'un commun enthousiasme. Ce jour-là, un savant illustre, à la voix éloquente, à la renommée justement populaire, confiait à l'oreille du public ébloui le premier mot de l'énigme que les siècles précédents avaient vainement essayé de déchiffrer. Cette énigme avait enfin trouvé son Œdipe, ou plutôt ses Œdipes, car ils étaient deux qui avaient deviné le sphinx en même temps. Ces hardis et heureux génies s'appelaient Niepce et Daguerre, et l'honorable directeur de l'Observatoire, Arago, dans son rapport aux deux sections réunies de l'Institut, leur attribuait la plus grande découverte du siècle.

Les deux inventeurs, en effet, avaient trouvé le moyen de fixer, par l'action de la lumière et d'une manière durable, les images mal gardées jusqu'ici par la chambre noire. L'un des inventeurs, il est vrai, était mort depuis quelques années, mais l'heure de la réparation avait sonné, et sa mémoire se trouvait désormais inséparable de celle de son associé. Cependant le nom seul du survivant allait s'attacher, dans l'imagination populaire, à l'instrument trouvé par l'un des deux inventeurs; Daguerre allait créer le daguerréotype, et en baptisant ainsi son appareil, s'assurer aux yeux des masses une immortalité certaine et durable.

Lorsque Arago eut parlé, l'enivrement gagna toutes les têtes, à l'étranger comme en France, et, comme toujours, les jalousies internationales élevèrent des revendications où perçait le dépit des rivaux offusqués par cette nouvelle gloire de notre pays. L'Angleterre et l'Allemagne réclamèrent, chacune de leur côté, la priorité de la découverte. L'Allemagne se montra la plus injuste; or, comme elle n'avait rien de sérieux à nous opposer par elle-même, elle braqua ses lunettes sur l'antiquité et se mit à faire contre nous de l'érudition fantaisiste en pure perte. L'Allemagne et l'Angleterre en furent pour leurs frais de mauvais vouloir et d'imagination. L'héliographie resta française et fille de Niepce, comme le daguerréotype à plaque fut l'œuvre de Daguerre.

En restituant les choses à qui de droit et en affirmant la propriété française, nous ne dépouillons personne. Nous rendons au passé ce qui appartient au passé, et au présent ce qui appartient au présent.

Comme expression de cet esprit de justice qui nous anime, nous devons rappeler que la chambre noire est le premier pas fait dans la voie qui devait mener à la photographie. A l'un des bouts se trouve un grand peintre, Léonard de Vinci, à l'autre bout un peintre encore, célèbre à d'autres titres, Daguerre.

Le premier, esprit investigateur, avait remarqué qu'un petit trou percé dans une chambre bien close amène sur le mur qui lui fait face la reproduction de tous les objets extérieurs dans des proportions de grandeur, graduées sur leurs distances relatives. J. B. Porta, physicien napolitain, développant le principe de cette observation, plaça une lentille d'une dimension plus forte au milieu du trou. Les mêmes effets s'étant produits, il en conclut que la grandeur de l'ouverture ne pouvait modifier les résultats. C'était créer la chambre noire à l'aide d'une conclusion scientifique, mais ce n'était pas encore fixer le rayon lumineux et garder l'image des objets extérieurs. Les temps n'étaient pas venus où ce résultat deviendrait une chose vulgaire. Avant qu'il en fût ainsi, des existences d'hommes devaient s'user à la poursuite du fantôme. Plus d'un homme de génie devait mourir à la peine avant que Papin, Watt, le marquis de Jouffroy et Fulton appliquassent la découverte du principe de la vapeur employée comme force motrice. Cyrano de Bergerac devait deviner les ballons avant que Montgolfier enfermât le gaz dans sa montgolfière. Tiphaigne de la Roche devait prophétiser, dans un cours philosophique imprimé et publié au fond d'une province, la découverte de la photographie; il en devait décrire tous les procédés chimiques avant que l'art et la chimie modernes inspirassent à Daguerre et à Niepce les recherches d'où est sortie la photographie de nos jours.

Qui inspirait successivement tous ces hommes, tous ces chercheurs? La nature, qui ne veut pas garder éternellement ses secrets, mais qui ne les abandonne que petit à petit, et comme soumise en quelque sorte à une violence plus forte que toutes ses résistances. L'homme, en effet, n'arrive pas d'un seul bond aux sommets ardus qui gardent la vérité. Il rencontre plus d'un mystère sur sa route et trébuche à plus d'une erreur; mais il marche toujours; chaque pas qu'il fait élargit devant lui l'horizon et le rapproche du but. A mesure qu'il avance, ses forces augmentent, la vérité lève de plus en plus son voile, la nature vaincue cède et se soumet. Est-ce donc trop payer ce triomphe que de l'acheter au prix de quelques génies sacrifiés par l'indifférence ou l'aveuglement de la foule, et mourant, au milieu du chemin, de folie ou de misère? Ne regrettons pas trop ces sublimes dévouements du génie et de la science qui sont comme la loi même des martyrs de l'idée et qui leur imposent la mission de marcher devant les générations comme la colonne de feu du désert devant les Hébreux. Acceptons, comme autant de progrès, comme autant de conquêtes, les imaginations du moyen âge, et sachons voir dans les cornues et les fourneaux de l'alchimie les éléments devanciers des laboratoires des grands chimistes modernes. En cherchant la transmutation des métaux, les savants et les sorciers du quinzième siècle préparaient le terrain où devait agir le dix-neuvième; témoin l'ouvrage de Fabricius sur les métaux, qui, publié en 1566, expliquait que toute image produite par une lentille sur une couche d'argent corné (chlorure d'argent), s'y fixait en noir pour les parties éclairées, en gris pour les demi-teintes et en blanc pour les ombres; témoin encore et surtout ce vieux bouquin allemand, âgé de plus de trois siècles, où M. Jobard de Bruxelles a trouvé l'affirmation du même phénomène et la description très-claire de la photographie.

Quelque intérêt historique que présentent ces tentatives incomplète des siècles antérieurs, nous avons besoin de descendres le courant des âges pour trouver quelque chose de sérieux et de positif sur l'art de fixer l'image d'une manière durable. Pour sortir des limbes de l'alchimie il faut attendre Charles et Wetgwood. De ces deux hommes, l'un, le premier, obtint des silhouettes tracées en noir sur un papier enduit pour éprouver l'action lumineuse, — nouveau progrès qui, malheureusement, fut interrompu par la mort de l'éloquent professeur; — l'autre, le second, ayant remarqué que la lumière modifiait la nature du nitrate d'argent, reproduisit, à l'aide de peaux ou de papiers recouverts de chlorure d'argent, les peintures des vitraux et les gravures. Humphry Davy le suivit dans cette voie ainsi que d'autres savants qui copièrent, non sans peine, de très-petits objets à une courte distance de la lentille. Toutefois la lumière noircissait l'enduit, et sous son action l'image s'effaçait vite. La nature ne cédait son secret que pied à pied. Patience! ses vainqueurs définitifs étaient tout près, et quoique placés à distance l'un de l'autre, la communauté de leur but et de leurs efforts les rapprocha un jour pour l'avantage de tous et pour la gloire de l'esprit humain.

A Châlons-sur-Saône, un savant modeste, né

en 1765, Nicéphore Niepce, avait réussi à fixer, par l'action chimique de la lumière, l'image des objets extérieurs. Dans le même temps, un peintre célèbre, Daguerre, appliqué à considérer sans cesse le phénomène des images fantastiques produites par les rayons solaires dans la chambre obscure, reconnut un jour sur la plaque métallique la trace des objets reçus, même après la disparition de la lumière. L'expérimentateur se demanda quelles substances assez impressionnables au rayon pouvaient lui permettre de fixer les objets transmis par lui ; et, ce que n'avaient pu découvrir les siècles passés, ce qu'avaient vainement cherché les Celse, les Fabricius, les Porta, les savants anciens et modernes, lui le reconnut en expérimentant sur une plaque d'argent exposée à la vapeur d'iode et du mercure.

Niepce avait commencé ses recherches en 1814; en cherchant à remplacer la pierre lithographique par une plaque d'étain enduite de bitume, il s'était aperçu que le rayon lumineux exerce une action chimique sur le bitume judéen et lui donne une couleur grisâtre. Cette découverte lui fit entrevoir la possibilité d'obtenir des dessins à l'aide de la lumière seule. Son procédé consistait à enduire de bitume de Judée une plaque d'étain sur laquelle il appliquait une estampe rendue diaphane à l'aide d'un vernis déposé sur le verso, et qu'il exposait, ainsi préparée, au soleil. Le soleil, traversant la feuille de papier transparente, agissait sur le bitume et imprimait sur la plaque métallique une copie exacte du dessin où les détails, les noirs et les ombres étaient reproduits dans leurs valeurs et leurs positions naturelles. La plaque était ensuite plongée dans l'essence de lavande; l'action du soleil n'ayant frappé que sur certaines parties, celles qui lui avaient échappé étaient dissoutes, et les autres, intactes, livraient l'image.

Niepce marcha de progrès en progrès; il opérait plus tard sur une plaque de cuivre, recouverte d'une lame d'argent enduite d'une couche de bitume de Judée, exposée pendant un temps assez long à la lumière, plongée après dans un mélange d'essence de lavande et d'huile de pétrole, destiné à dissoudre les parties non attaquées du bitume. Ce système amenait un dessin où les clairs étaient désignés par les blancs de bitume, et les ombres par les reflets métalliques de l'argent laissé à nu. La vapeur de sulfure de potasse ou l'évaporation de l'iode auxquelles il soumettait en dernier lieu la plaque, produisaient un fond noir et vigoureux.

Arrivé à ce dernier point de sa découverte, Niepce songea à l'appliquer à l'art du graveur. Creusant le métal laissé à nu, et respectant les endroits protégés par l'enduit résineux, il forma des planches où le soleil et l'eau-forte gravèrent ensemble le dessin, et où quelques coups de burin, donnés par l'artiste, complétaient l'œuvre du soleil et achevaient de produire un bon cliché typographique. De ce procédé devait sortir l'héliographie.

L'ingénieur Chevalier venait alors de perfectionner la chambre noire et d'y adapter le prisme ménisque. Le colonel Niepce se présenta dans son magasin pour acheter un de ces appareils, et, en causant, il dit à l'habile opticien que c'était pour son frère, qui avait trouvé le moyen de fixer l'image donnée par la chambre noire. M. Chevalier prêta peu d'attention à ce propos, ne croyant pas peut-être à la possibilité d'une telle découverte. Quelques personnes alors présentes se récrièrent même contre une telle prétention, et, le colonel parti, tournèrent en ridicule la naïveté du provincial qui voulait s'emparer de son ombre.

Daguerre arriva quelques jours après chez l'ingénieur Chevalier, et lui annonça qu'il venait de découvrir le moyen de fixer l'image de la chambre noire. Habitué à considérer l'artiste comme un esprit paradoxal et assez enclin à la mystification, l'opticien crut qu'il avait appris la visite du colonel Niepce et qu'il continuait la plaisanterie. Puis, sur l'assurance positive que lui donnait Daguerre de son affirmation, il lui fit connaître les prétentions de son rival de Châlons, et lui donna l'adresse de M. Nicéphore Niepce.

Une correspondance s'établit alors entre les deux rivaux inconnus, mais froide d'abord et pleine d'une méfiance qui se fondit peu à peu lorsqu'ils reconnurent la similitude de leurs recherches, de leurs efforts, de leurs découvertes, et que des amis communs les eurent éclairés sur la loyauté et l'honorabilité de leur caractère.

En 1827, Nicéphore Niepce, passant à Paris pour se rendre en Angleterre, vit pour la première fois Daguerre. Le savant châlonnais espérait, sans doute, beaucoup de son voyage à Londres, car l'entrevue n'amena entre les deux inventeurs aucun résultat. Ils se maintinrent sur la plus grande réserve. Niepce présenta à la Société royale quelques-uns de ses produits accompagnés d'un mémoire dont la Société refusa de s'occuper. Quelques-uns des spécimens exposés alors à Londres restèrent entre les mains de M. Bauer, qui se hâta de les faire connaître en 1839, pour réclamer en faveur de Niepce une justice qui lui fut complétement rendue. Ce savant anglais vient de mourir, et une des précieuses épreuves qu'il possédait va, au moment même où nous écrivons ces lignes, être mise en vente; sa place est marquée dans les archives de l'Institut : on ne peut laisser perdre cette preuve irréfragable des droits exclusifs de la France à la plus merveilleuse découverte du siècle.

A son retour de Londres, Niepce vit encore Daguerre, mais ce ne fut que deux ans après, lorsque Daguerre eut assuré à Niepce qu'il avait découvert des procédés tout différents des siens et supérieurs, que Niepce, impatient sans doute d'arriver à plus de perfection, lui proposa de s'associer pour poursuivre en commun le perfectionnement de leur invention. Un traité fut passé le 14 décembre 1829 à Châlons-sur-Saône, et après la signature de l'acte qui constatait la déverte de l'héliographie, Niepce fit connaître tous ses procédés au collaborateur qui, plus heureux que lui, devait vivre assez pour donner son nom à leur découverte commune, et jouir de la gloire que ne devait apporter que bien tard une couronne sur son tombeau.

Niepce mourut le 5 juillet 1833, âgée de soixante-trois ans, pauvre et ignoré, léguant, après vingt ans de luttes, de fatigues et de recherches, un patrimoine dissipé pour la science à sa famille, et à la France une de ces découvertes qui suffisent pour illustrer un siècle. La France lui fut reconnaissante, sa famille eut sa part dans la récompense nationale accordée aux inventeurs du daguerréotype, et son nom est aujourd'hui inscrit dans les fastes du progrès humain. Il devait rester de plus à son nom une gloire que n'a pas celui de Daguerre. Un de ses parents, reprenant l'œuvre interrompue par la mort, devait découvrir la photographie sur verre, et fixer le premier les couleurs de l'image, et indiquer ainsi, sinon accomplir, le dernier perfectionnement qu'ait à atteindre l'art qu'il avait créé.

Les procédés qui lui étaient propres, oubliés un temps pour ceux plus perfectionnés de son associé, devaient être repris à leur tour, et créer, comme nous le verrons, la gravure et la lithographie héliographiques.

CHAPITRE II

Le daguerréotype. — La séance de l'Institut. Les moutons de Panurge. — Un nouveau supplice. On peut enfin faire un portrait. Esquisse biographique sur Daguerre.

Nous nous sommes, dans le chapitre qui précède, étendu de préférence sur le compte de Nicéphore Niepce; c'était justice. La part de Niepce est évidente dans la découverte qui nous occupe, mais, pour beaucoup, le nom seul de Daguerre a survécu à la mort qui les a frappés tous les deux à huit ans de distance, et le daguerréotype est uniquement resté dans la mémoire populaire. Auquel des deux appartient la prééminence dans l'admirable découverte qui leur est due? Qui de l'un l'emporte sur l'autre? Procès encore en litige qu'il ne nous appartient pas de clore et qui importe peu, en somme, à la gloire méritée de ces deux chercheurs audacieux. Que Niepce soit le premier entré dans le champ des expériences, là n'est pas la question : Daguerre et lui s'y sont rencontrés, et la similitude de leurs tentatives leur assure l'égalité dans la renommée que leur a faite l'admiration universelle. Si donc nous avons donné le pas dans cette étude à Niepce, c'est au point de vue chronologique et non autrement. D'ailleurs les rôles sont marqués : Niepce chercha surtout le moyen de multiplier les images, Daguerre songea particulièrement à perfectionner les plaques. En nous exprimant ainsi, nous ne faisons que constater une vérité consacrée par le traité auquel nous avons fait allusion dans le chapitre précédent, traité dont les clauses assuraient les droits de Niepce et obligeaient Daguerre à faire connaître le procédé dans un délai déterminé ; Niepce mourut cependant, fauché au milieu du chemin par la destinée invisible, et il se passa six ans encore avant que son associé et son successeur réussît à imposer au monde l'admiration de leur mutuelle découverte. Sans Arago, peut-être, sans l'intelligente bonne volonté de l'illustre directeur de l'Observatoire, la nuit qui couvre tant de créations étouffées dans leurs germes envelopperait encore les merveilleuses inspirations de ces deux chimistes. Heureusement pour leur mémoire et pour le progrès, un troisième grand homme accepta le patronage de la photographie et décerna publiquement au mort et au survivant le diplôme qui leur appartenait, et si sur les fonts de baptême le nom d'un seul père fut donné à l'enfant, la double paternité n'en fut pas moins mentionnée. Le mot daguerréotype ne fut, en définitive, qu'une signature sociale.

Avant d'entrer plus avant dans l'appréciation de la vie de l'artiste et du savant, qu'il nous soit permis de jeter un coup d'œil rétrospectif sur les premiers pas de sa brillante carrière.

Né à Cormeilles, en Parisis, en 1789, les temps que traversa la jeunesse de Louis-Jacques-Mandé Daguerre ne lui permirent guère de se livrer à des études bien sérieuses et bien suivies. La France alors était en proie aux troubles civils, et l'enfantement laborieux de sa liberté ne lui laissait guère d'autres soins et d'autres soucis que ceux de lutter contre la réaction européenne. L'instruction cédait le pas au canon et le bruit de la poudre absorbait celui de l'école. La vie intellectuelle et morale cependant était loin d'être éteinte, et les arts, quoi qu'on en ait dit, florissaient. La peinture avait ses adeptes et parmi eux le jeune Daguerre, dont la vocation se manifesta de bonne heure. L'ardeur qu'il mettait à cette étude de prédilection lui assura bientôt une place distinguée parmi ses confrères et ses émules. Mais ce qu'il préférait avant tout, c'était la peinture à effets, qui permettait de retracer les grandes scènes de la nature et de saisir dans le paysage les plus heureuses perspectives. Observateur passionné de toutes les beautés naturelles, doué d'une perspicacité pénétrante, d'une volonté ferme, d'une mémoire locale prodigieuse, d'un sentiment intuitif d'imitation, d'une sûreté et d'une adresse d'exécution sans égales, original et créateur, il possédait toutes les qualités dont la nature avait besoin pour lui faire jouer le rôle auquel elle le destinait. Aussi, à mesure qu'il grandissait, voyait-on son aptitude se dessiner chaque jour davantage. Quand il fut tout à fait maître de son pinceau, sa vocation s'accusa d'une manière définitive et brillante. La peinture théâtrale s'agrandit sous ses mains, et Paris garde encore le souvenir de l'effet que produisirent sur lui son *soleil tournant* de *la Lampe merveilleuse*, sa *lune mobile* du *Songe*, et son *effet de lune* du *Vampire*. Avec ces trois œuvres prodigieuses il éclipsait les noms des Degotti, de Ribieno et des Orlandi. Mais ce qui constitue surtout sa supériorité sur ses devanciers, c'est qu'il remplaça les feuillets ou châssis disposés autrefois verticalement par des tableaux pleins et continus. C'était mettre dans la décoration scénique la vérité et le prestige à la place de l'à peu près.

De ces dispositions d'esprit particulières sortaient des miracles de représentation où l'illusion semblait être la nature même. Deux exemples feront comprendre cette puissance personnelle de Daguerre.

Le diorama, sur lequel nous reviendrons un peu plus loin, était créé, et parmi les tableaux qu'il contenait, celui de l'*Église Saint-Germain l'Auxerrois* obtenait un succès populaire. Un jour, un brave paysan se présente pour voir comme les autres. Il contemple, il admire, il s'étonne, et le prestige est tel sur lui que, tirant un sou de sa poche, il le jette sur la peinture pour s'assurer si vraiment l'espace n'est pas devant lui.

Un autre fait plus caractéristique encore se produisit lors de l'exposition du diorama du *Tombeau de Napoléon à Sainte-Hélène*, vu par un soleil couchant. Site sauvage, terrain pierreux, rochers abrupts, mer sombre au fond, aspect général lugubre, tout se trouvait réuni sur cette toile pour inspirer une pensée d'horreur, de recueillement, de tristesse philosophique et de pitié pour les grandeurs déchues. Un jeune élève se présente, la boîte à couleurs sous le bras, et demande à Daguerre la permission de travailler et de faire des études. Cette naïveté, provoquée par la merveille d'imitation propre au pinceau de l'artiste, rappelle la tradition poétique de la colombe becquetant les raisins peints par Apelles, et fournit une des plus touchantes et des plus réelles démonstrations de la magie que possédait la palette de Daguerre.

Tout cela prouve que l'artiste avait beaucoup étudié les effets de la chambre obscure et était parvenu à s'approprier toutes les qualités que devaient avoir plus tard les épreuves daguerriennes.

Le talent et le caractère de l'homme avaient conquis au peintre de nombreuses amitiés et de chaudes sympathies. On aimait son commerce comme on admirait son talent et sa persévérance, et la perfection de ses œuvres était un sujet de surprise et d'étonnement pour tous. Un jour, dans une société composée d'amis et d'appréciateurs de son génie, quelqu'un lui demanda son secret pour produire tant d'illusion. « Mon secret, répondit-il, c'est de *finir*, » et cela était vrai : tout ce qui reste de Daguerre, tableaux de chevalet, dessins, tout est d'un fini et d'un effet achevés, et ce qui est le plus surprenant, c'est que cette perfection à laquelle atteignent si peu de gens, semble chez lui le fruit spontané d'une inspiration et d'un sentiment manifestés sans travail et sans efforts.

Le signe auquel on pouvait reconnaître l'aptitude naturelle de Daguerre à reproduire les objets extérieurs, c'était une mémoire locale pour ainsi dire unique, et dont la pareille peut-être ne se rencontre que chez Horace Vernet.

Citons-en un exemple :

Daguerre avait exposé le diorama de la *Forêt Noire*, prise de nuit, par un clair de lune. Sur le premier plan, les dernières lueurs d'un feu presque éteint et abandonné sans doute par des voleurs courant l'aventure ; au fond, la forêt sombre et triste : c'était tout. Mais cela suffisait pour faire courir un frisson sous la peau. Le bois, la nuit, toutes les horreurs d'une solitude sinistre étaient là devant vous et glaçaient votre esprit. Derrière ces émotions de terreur, Daguerre se tenait debout, recueillant dans le silence de son âme la récompense cachée au fond de ces effrois, fils de l'illusion et de dangers imaginaires. Un de ses amis, surpris comme les autres par la vérité effrayante de cette peinture, lui demanda comment il avait fait pour peindre cette étude la nuit. Daguerre répondit simplement et sans se douter de l'admiration qu'il causait : « Mais je n'ai pas fait d'études, je me suis promené la nuit dans la forêt et j'ai pris des notes sur mon carnet. » — Des notes sur son carnet ! Cela lui avait suffi ; avec ces notes, il avait redemandé à son imagination frappée les images dont celle-ci avait gardé fidèlement l'empreinte et la *forêt Noire* s'était retrouvée sous son pinceau, accompagnée de tous ses fantastiques et lugubres aspects. Et c'est à Paris, loin de la scène, qu'il n'avait aperçue qu'une fois, qu'il avait accompli ce tour de force ! Quels exemples encore faut-il pour donner une idée de ses merveilleuses facultés ?

Eh bien ! les succès que lui valaient ses admirables décors et son diorama ne suffisaient pas à son ambition. Il craignait pour son nom la poussière que le temps secoue tôt ou tard sur les plus belles œuvres, et il avait peur que son souvenir s'éteignît avec lui comme la renommée des grands comédiens et des chanteurs célèbres disparaît avec leur voix. Daguerre voulait se survivre, et pour s'assurer l'immortalité, il demanda à la chimie ce qu'il pensait ne pas trouver avec ses pinceaux. Tourmenté par cette idée, il commença ses expériences sur la chambre obscure. Voici comment ces idées lui vinrent.

Dans son entraînement pour la peinture et pour tout ce qui tenait aux effets lumineux, il avait assisté aux cours de Charles, savant physicien et membre de l'Académie des sciences. L'éloquent professeur, en montrant à son auditoire la silhouette instantanément fixée, et qui s'évanouissait bientôt comme un nuage, avait dit : « C'est la lumière seule qui a fait ce portrait. »

Ces mots ne furent pas perdus pour Daguerre. De son oreille où ils étaient tombés, ils résonnèrent jusqu'au fond de son cerveau et ils n'y laissèrent plus de place pour une pensée autre que celle qu'ils venaient d'éveiller mystérieusement. « La lumière seule a fait ce portrait, répétait sans cesse en lui-même le grand artiste, mais elle ne lui a pas donné la durée. Qui la lui donnera? Ce sera moi, en cherchant jusqu'à ce que j'aie trouvé le moyen de retenir et de fixer avec tous ses détails et toutes ses teintes l'image produite par le rayon lumineux. Le soleil, qui anime la nature, colore les feuilles et nuance les fleurs, doit avoir des affinités secrètes avec certains des corps élémentaires qui la composent. Il s'agit de reconnaître ces substances susceptibles d'impressions durables et de les soumettre à l'action toute-puissante de la lumière. Ces substances, quelles sont-elles? Je chercherai. » Et Daguerre chercha.

A cette époque il demeurait rue de Crussol. C'est là qu'il essaya des lentilles et des chambres obscures que M. Ch. Chevalier lui fournissait. Chaque fois qu'il obtenait quelque chose sur la glace dépolie, un cri s'échappait de sa poitrine et il se demandait si jamais on ne réussirait à fixer ces images si belles et si parfaites. C'était son idée fixe. Elle absorbait toutes les forces de son imagination, surtout lorsqu'il eut connaissance des tentatives de Boilly, de Charles, de

Cayeux et de quelques autres pour perfectionner la chambre obscure.

Vers le même temps, MM. Chevalier père et fils avaient apporté à leur appareil de la chambre obscure à prisme des modifications heureuses qui appelèrent l'attention du monde savant, et l'on devine aisément que Daguerre, lié avec eux, ne fut pas un des derniers à se procurer un de ces appareils perfectionnés.

Ses études persévérantes marchaient toujours, comme on voit. Un jour, dans une visite qu'il fit comme d'habitude à ces deux opticiens, il se décida, d'un air inspiré, à prononcer son *eureka*. « J'ai trouvé, leur dit-il, le moyen de reproduire les images de la chambre obscure. » Grand fut l'étonnement et grande la surprise. Ces messieurs n'étaient pas loin de croire à un accès de folie chez celui qui venait ainsi devant eux se vanter d'avoir accompli le miracle de la fixation des images de la chambre obscure, et qui osait naïvement leur dire : « Je suis maître de la lumière et j'ai le soleil pour collaborateur. »

Jusqu'à quel point Daguerre disait-il la vérité? Nous avouons notre ignorance à cet égard, aucune trace n'existant de ce premier succès. Mais qu'importe? S'il s'était un peu avancé dans ses affirmations, il est certain néanmoins qu'il était sur la voie et que la vérité sortait insensiblement des voiles qui l'avaient cachée jusqu'à ce moment. D'ailleurs, en même temps que lui, Niepce correspondait avec MM. Chevalier; comme Daguerre, il avait essayé leur nouvelle chambre obscure à prisme pour la fixation des images lumineuses, et il avait obtenu les résultats que nous avons fait connaître. Cette coïncidence de pensées, d'efforts et de succès, de la part de deux hommes livrés, à l'insu l'un de l'autre, aux mêmes recherches, devait ébranler leur incrédulité à l'égard de la réalisation du rêve dont les entretenait l'artiste chimiste parisien.

A ces motifs de croire à la découverte de Daguerre il s'en joignit bientôt un autre pour MM. Chevalier. Comme ils réfléchissaient sur les correspondances de Niepce et sur les confidences de Daguerre, un jeune homme se présenta à leur magasin et fit l'acquisition d'une chambre noire d'un prix peu élevé. « J'aurais voulu, leur dit-il, pouvoir acheter un appareil à prisme. Avec cet instrument je parviendrais mieux, je le crois, à fixer l'image passagèrement tracée sur la glace dépolie. » MM. Chevalier, en entendant parler ce jeune homme, crurent à une troisième folie, tout d'abord; mais, en voyant les images positives sur papier que leur présenta l'inconnu, leur scepticisme cessa en partie, et ils commencèrent à croire à la solution d'un problème dont tant d'esprits s'occupaient simultanément. Les épreuves soumises à leurs yeux étaient loin de cette perfection obtenue de nos jours, mais elles étaient remarquables pour l'époque où elles se produisaient.

Devant ces preuves matérielles les deux opticiens témoignèrent de leur admiration, mais la pensée ne leur vint pas d'offrir un appareil à prisme au pauvre inventeur qui venait peut-être de sacrifier ses dernières ressources à l'achat d'un appareil ordinaire. L'inconnu leur dit, en les quittant que puisqu'il ne pouvait faire lui-même des essais avec l'appareil à prisme, il leur donnerait la substance qu'il employait pour qu'ils la missent à l'épreuve. Quelques jours plus tard, en effet, il apporta dans un petit flacon un liquide brun qui pouvait être de la teinture d'iode très-épaisse. M. Ch. Chevalier suivit ses instructions verbales; mais, comme il l'avoue lui-même, son inexpérience en pareille matière et la préoccupation continuelle de ses études favorites sur le microscope l'empêchèrent d'opérer avec assez de soins et de persévérance; il fit ses préparations en pleine lumière et n'obtint rien de bon. Vainement il attendit l'inconnu, l'inconnu ne revint pas; personne n'en entendit plus parler, et cet inventeur ignoré passa comme une de ces apparitions mystérieuses qu'on n'oublie jamais, mais qui jamais ne se représentent.

Quel était cet inconnu? Par quelles phases douloureuses était-il passé pour en être arrivé à ne pouvoir acheter un appareil à prisme? Qui l'a empêché de revenir? Est-il mort à la peine? Quelles conséquences et quels résultats seraient sortis de son invention s'il avait pu la mener à bonne fin? que seraient les noms de Daguerre et de Niepce? que serait le sien? Seraient-ils confondus ensemble comme ceux de trois bons génies qui auraient accompli la même œuvre en se réunissant? Questions multiples qui donnent à réfléchir et qui communiquent l'émotion triste d'une teinte légendaire au souvenir de ce jeune inconnu qui ne se montre un jour que pour ne plus reparaître, vaincu, sans doute, dans sa lutte, par la misère, l'abandon et le désespoir!

Quoi qu'il en soit, l'heure approchait où le sphinx allait parler, où l'énigme allait être expliquée. M. Chevalier ayant vu, quelque temps après cet événement, M. Daguerre, lui montra la merveilleuse petite fiole, lui raconta l'aventure et lui conseilla d'essayer à son tour. Daguerre prit la liqueur brune, mais il ne fut pas heureux, à ce qu'il paraît, dans ses expériences; comme M. Chevalier, il ne sut rien obtenir : du moins le dit-il, et nous n'avons pas de raisons pour douter de sa sincérité. Cependant l'inconnu avait obtenu des épreuves positives, de l'aveu même de M. Chevalier. Nous le répétons, il est regrettable que ces intelligences sœurs ne se soient pas connues, elles auraient associé leurs forces, et un nom de plus, sans doute, serait à ajouter à ceux que contient le grand livre d'or de l'humanité.

La destinée en décida autrement. Niepce et Daguerre s'unirent seuls, et l'accord le plus parfait, une fois qu'ils se connurent et que leur association fut décidée, ne cessa de régner entre eux.

Leur apport était différent. Niepce, il est bon de le répéter, n'employait la plaque métallique

que comme cliché conduisant à la gravure, tandis que Daguerre, visant plus loin, voulait former directement des images photographiques sur une plaque de métal. C'était un progrès et une simplification tout à la fois. Cependant ce système ne permettant pas de tirer plusieurs épreuves, présentait par cela même un côté défectueux et inférieur au système primitif. Heureusement la découverte de Niepce se perfectionna dans ses mains, et c'est de ces perfectionnements successifs que sortit la méthode généralement employée pour les plaques.

Il modifia la chambre noire et indiqua les dimensions qui lui paraissaient les plus parfaites. Toutefois ces dimensions, excellentes pour la reproduction des objets éloignés, n'offraient pas les mêmes qualités quand il s'agissait des objets plus petits ou plus rapprochés.

L'essence de lavande distillée donne un résidu doué de plus de fixité que d'autres résines plus impressionnables à la lumière. C'est par ce résidu qu'il remplaça le nitre de Judée. Cette opération faite, il exposait ensuite sa plaque aux vapeurs fournies par l'huile de pétrole à la température ordinaire. La vapeur pénétrait entièrement la substance partout où la lumière n'avait pas porté et donnait à ces parties une transparence et une diaphanéité complètes. La vapeur d'iode, au contraire, respectait les endroits atteints par la lumière, et le dessin résultait de l'opposition de teinte entre le mat des parties blanchies par la lumière et la transparence des autres.

Niepce et Daguerre opéraient indifféremment sur la plaque d'argent ou sur une glace en verre enduite d'une couche, la plus mince possible, de résine onctueuse, et lorsqu'ils opéraient sur verre, ils posaient, pour augmenter la lumière, le côté de la couche sur une feuille de papier qui recouvrait toute sa surface; c'était passer à côté de la photographie sur verre et sur papier. Pourquoi ne le virent-ils pas? C'est que chaque heure du temps a son œuvre, et qu'il n'est pas donné à l'esprit humain d'aller plus vite que la loi naturelle de son développement ne le comporte. Daguerre devait attendre encore avant de deviner la supériorité des vapeurs métalliques sur les couches résineuses. Il fallait du temps avant qu'une expérience accidentelle conduisît les disciples et les continuateurs de Daguerre à l'emploi des substances accélératrices et du chrome, alors proscrit par le maître. Le hasard devait encore donner une leçon à la science. L'événement suivant le prouve.

Le procédé de Niepce, avant son association, consistait, pour imprimer plus de vigueur à ses dessins, à renforcer les noirs à l'aide des vapeurs d'iode. Une cuiller restée un jour par mégarde sur la plaque iodurée y laissa son empreinte. La lumière était complice du fait. Que font nos inventeurs? Ils substituent aux résines les vapeurs d'iode et réduisent à quelques minutes la durée de l'exposition, qui exigeait auparavant plusieurs heures. Cette nouvelle expérience fut la dernière de Niepce. Peu de temps après il mourait, abandonnant à Daguerre le souci de continuer seul leurs recherches communes. Daguerre accepta l'héritage, et de recherches en recherches, d'efforts en efforts, il constata que les vapeurs du mercure, agissant sur la plaque, en faisaient jaillir subitement l'image tracée par la lumière sur l'argent iodurée et invisible dans les conditions ordinaires. De la reconnaissance de ce phénomène sortirent les images photographiques et la méthode dite daguerrienne, qui lui demanda encore cinq ans avant d'être complète.

Ces cinq dernières années le rendirent maître effectivement de son art. La nature avait livré son secret, et Daguerre possédait désormais les procédés qui allaient faire de lui son émule et son vainqueur.

C'est alors qu'il commença à songer que l'heure était venue de répandre la bonne nouvelle et de lui donner tout le retentissement qu'elle méritait. Dès 1835, il est vrai, le journal *l'Artiste* avait parlé de sa découverte, mais le public était resté indifférent devant ce ballon d'essai. MM. de Humbolt, Biot et Arago furent les confidents qu'il choisit pour leur communiquer quelques épreuves qui excitèrent leur admiration. Arago, tout en annonçant la découverte, s'était tu sur les procédés de l'artiste, et ce silence même avait surexcité la curiosité générale. Quand, le 7 janvier 1839, il fit à l'Académie des sciences la communication dont nous avons parlé en commençant, l'imagination publique, préparée par l'impatience de l'attente, éclata avec enthousiasme. Cet enthousiasme gagna toutes les classes, depuis l'ouvrier jusqu'au grand seigneur, depuis les sphères bourgeoises jusqu'aux sphères gouvernementales. Ce fut comme une sorte d'ivresse nationale à laquelle personne n'échappa. Tous en ressentirent l'effet. Daguerre devint en quelques heures le lion du jour.

La nation tout entière céda à ce vertige, et l'on vit les routes semées d'amateurs improvisés portant leurs boîtes et appliquant leurs lentilles sur les monuments et sur les sites les plus insignifiants. Heureusement l'engouement irréfléchi passa comme tant d'autres, et la science et l'art restèrent seuls en droit de poursuivre et de compléter l'œuvre des deux inventeurs.

Les rapports d'Arago et de Gay-Lussac furent couronnés de succès. Chambre des députés et chambre des pairs votèrent à l'unanimité la récompense nationale demandée par le gouvernement : 6,000 francs étaient la part de Daguerre, 4,000 francs celle de M. Niepce fils; dédommagement faible, sans doute, pour tant de peines et de sacrifices, mais suffisant en somme et honorable pour les inventeurs comme pour ceux qui avaient pris à tâche d'exprimer, par un hommage public, le sentiment de l'admiration générale.

Hélas! les plus belles médailles ont leurs revers, comme les plus purs rayons ont leurs ombres. C'est seulement quelques jours après cette grande décision des Chambres françaises, alors que Daguerre savourait dans le calme de sa vie de famille la douce joie de son triomphe et de sa gloire, que le feu dévora une grande partie de sa fortune et les principaux monuments de sa renommée. Le 27 juin du même mois, douze jours après le vote qui consacrait son génie et ses droits, un incendie épouvantable s'abattit sur le diorama qu'il avait créé avec son associé, M. Bouton. L'édifice disparut en ensevelissant sous ses ruines fumantes les chefs-d'œuvre composés par les deux artistes, tels que l'*Éboulement de la vallée de Goldau*, la *basilique de Saint-Pierre*, le *Sermon*. Les flammes n'épargnèrent rien, ni le cabinet de l'artiste, ni ses appartements particuliers, ni ceux de sa femme. Tout fut englouti, réduit en cendres.

Heureusement pour Daguerre, sa réputation, désormais incontestable, lui permit de résister aux suites de cette déplorable catastrophe, et le titre d'officier de la légion d'honneur, qu'il reçut quatre jours après, vint jeter un baume consolateur sur l'amertume de ses regrets. Autre chose encore vint distraire ses pensées. Paris, cette réunion de passions mobiles et inconstantes, après avoir contemplé plus ou moins mélancoliquement les restes de ce qui avait été le diorama, ne s'occupa plus que du daguerréotype. Le daguerréotype fut le nouvel aliment de sa curiosité variable. Seulement, au lieu d'être pour lui un objet de vogue passagère, il s'empara chaque jour un peu plus de son esprit, et si l'engouement se manifesta rapidement, du moins il fut durable. On ne vit plus que des images daguerriennes aux vitrines de tous les opticiens et de tous les marchands d'objet d'art. Susse exposa le premier portrait. On fit émeute devant ses montres. Il fallut un piquet de municipaux pour faire écouler la foule. Les opticiens sentirent le contre-coup de cette fièvre, et se virent à la veille de manquer d'appareils de chambre noire, tant les demandes se succédaient, tant la concurrence augmentait entre les amateurs qui voulaient à tout prix se procurer le précieux instrument. Rabelais nous raconte quelque part l'histoire des moutons de Panurge. Les moutons de 1839 valaient certes bien ceux du temps de Rabelais; ils poussaient aussi loin qu'eux l'esprit d'imitation. C'était, en effet, dans Paris, livré à une espèce de démence, à qui se donnerait des airs d'artiste et de chimiste. Que d'appareils n'ont pas vus les monuments publics braquer leurs lentilles sur eux pour en copier et reproduire l'architecture! Que d'individus de tout rang, de toute classe, que d'honnêtes pères de famille ont abandonné leurs affaires pour aller demander au soleil de vouloir bien les aider à imprimer sur la plaque daguerrienne un vieux pan de muraille, une mare bourbeuse flanquée d'un arbre pourri qui leur faisaient l'effet d'un paysage!

Qu'était-ce quand, sur l'épreuve plus ou moins mal venue, ils découvraient un détail insaisissable à l'œil nu! le succès grisait ces braves gens, l'ivresse de l'enfantement achevait de leur faire perdre la raison, et ils ne rentraient chez eux que pour recueillir avec une modestie douteuse les honneurs du triomphe que leur décernaient leurs épouses et leurs futurs héritiers!

On trouve ainsi dans la vie des peuples des moments où l'observateur constate les effets d'une épidémie morale universelle Un jour, c'est la daguerréotypomanie; un autre jour, c'est la potichomanie, devenue aujourd'hui la décoromanie; deux maladies qui se succèdent, mais dont personne ne meurt, et qui ne font courir de dangers qu'à l'art et aux artistes véritables.

Heureusement cet engouement permit à quelques individualités de se dégager, de réussir et de perfectionner l'idée léguée au monde par Niepce et Daguerre.

Cela ne pouvait manquer d'avoir lieu. Quand une voie est tracée, parmi ceux qui s'y aventurent après vous, soyez sûr qu'il s'en trouvera dont les yeux verront ce que n'ont pas vu les vôtres. Les détails qui vous ont échappé, ils sauront les distinguer, les reconnaître et s'en servir pour faire de nouveaux pas en avant. C'est ce qui se fit pour la découverte de Daguerre. Les images qu'il obtenait, quoique dignes d'estime sous certains rapports étaient semées de défauts que l'expérience seule pouvait combattre et faire disparaître.

Au moment dont nous parlons, on procédait ainsi : la plaque de cuivre argentée était présentée aux vapeurs dégagées naturellement par l'iode à la température ordinaire. Une couche d'iodure d'argent, d'un milligramme, éminemment sensible à l'action de la lumière, en couvrait la surface. La plaque, ensuite placée au foyer de la chambre noire, recevait l'image formée par la lentille. L'iodure d'argent, subissant l'effet du rayon, les parties vivement éclairées se décomposaient, abandonnant les points moins éclairés à une influence proportionnelle, tandis que les parties complétement obscures ne subissaient aucune modification chimique.

Ceci obtenu, la plaque était retirée de la chambre noire. A ce moment, sa teinte générale était le jaune d'or. Rien n'apparaissait encore; il fallait l'action du mercure pour que l'image se dessinât. Voici comment Daguerre agissait : il plaçait sa plaque sur une boîte au fond de laquelle se trouvait une couche de mercure, et il chauffait légèrement avec une lampe à esprit-de-vin. Les vapeurs mercurielles, obéissant à une loi non encore expliquée, se condensaient uniquement sur les parties de la plaque décomposées par la lumière et sur les demi-teintes, les recouvrant d'un vernis blanc qui accusait les parties éclairées de l'image et laissait aux ombres la couleur mate de l'argent.

Comme la plaque, après cela, restait toujours imprégnée d'iodure d'argent, qui, en noircissant à la lumière, eût brouillé le dessin, l'artiste la plongeait, par une dernière opération, dans un sel d'hypsolulfite de soude qui dissolvait l'iodure d'argent. Ce lavage terminé, l'épreuve pouvait, sans risques, subir l'action d'un plein soleil. Nous devons ajouter que ces diverses préparations exigeaient l'obscurité, ou tout au plus la faible clarté d'une bougie.

Cette pratique avait pour inconvénient de présenter un miroitage désagréable. Les lignes ne s'accusaient pour l'œil qu'en plaçant le dessin sous un angle qui déterminait la réflexion et permettait de l'apercevoir, mais plutôt comme un moiré d'argent que comme trait déterminé; de plus, le mouvement propre à la vie, le balancement des feuilles, l'ondulation des vagues, tout cela était insaisissable, et la volatilisation du mercure aidait elle-même souvent à l'effacement de l'image.

Le champ était donc borné et le daguerréotype semblait n'avoir qu'un rôle, celui de saisir l'immobilité et de la décalquer. Reproduire une muraille, un chemin, un rocher inanimés, telles paraissaient d'abord devoir être ses colonnes d'Hercule. Cependant son ambition visait plus haut et plus loin, et, d'accord avec le désir général, il songeait à faire le portrait. MM. Gay-

Lussac, à la Chambre des pairs, et Arago, à celle des députés, le promirent en son nom. Ces deux savants répondaient aux interrogations de leurs confrères, impatients de voir le daguerréotype égaler et même dépasser l'œuvre du peintre : « M. Daguerre espère bientôt arriver à un résultat, c'est-à-dire à obtenir des portraits en plaçant un verre bleu entre la personne qui pose et les rayons solaires. » — Ce verre bleu, selon ces deux savants, devait diminuer la fatigue des yeux, et Daguerre comprenait si bien le danger d'une pose trop prolongée qu'il cherchait, en effet, à inventer une machine qui enlevât toute fatigue aux poseurs. C'est, du moins, ce qu'il annonça à son auditoire des Arts et Métiers.

Quoi qu'il en soit de ces améliorations promises, mais qui, par elles-mêmes, n'eussent pas fait avancer l'art d'un pas, le public s'attacha avec un nouvel enthousiasme à l'idée que le daguerréotype pouvait introduire le portrait dans toutes les familles.

Que ne peut la passion chez les hommes! La chambre noire était devenue tout à fait artiste, de concert avec le soleil. Le cuivre argenté était la toile, les vapeurs d'iode et de mercure étaient les couleurs dont le pinceau mystérieux de la nature se servait avec l'aide du rayon lumineux pour réfléchir et fixer l'image désirée; qu'importait après cela qu'une œuvre semblable demandât une patience pénible, que le corps, soumis à une pose prolongée excessivement, en ressentît un endolorissement général, que les paupières fussent victimes des caresses trop ardentes du soleil, que le temps voulu, enfin, pour obtenir le résultat cherché ne fût qu'un supplice et un martyre! la passion du portrait n'en allait pas moins grandissant, et le sentiment des souffrances se taisait devant le besoin de la reproduction du visage humain par le daguerréotype.

Comme l'impartialité de nos jugements n'enlève rien à la gloire et au génie de l'inventeur; nous conviendrons ici que toutes ces épreuves offraient généralement un caractère de laideur qui a pu amener les adversaires intéressés de la photographie à proclamer son impuissance innée à créer des œuvres vraiment artistiques. Oui, sans doute, les commencements de cet art ne présentaient pas les perfectionnements merveilleux que vingt ans d'efforts et d'études lui ont procurés; mais, est-ce que la moisson mûrit dans un jour? Est-ce que les jours chauds de l'été ne lui sont pas indispensables pour développer le germe enfoui dans le sillon? Il devait en être et il en fut de même pour la photographie. Les imperfections fatales de l'œuvre de Daguerre disparurent insensiblement, l'instrument optique reçut d'heureuses modifications : le foyer de la lentille fut raccourci pour obtenir une quantité de lumière plus grande et diminuer ainsi la durée des condamnés à l'exposition solaire. Deux objectifs achromatiques furent combinés et agrandis pour en former la lentille de l'instrument. Le champ de la vue s'élargit, les distances focales furent variées à volonté, et la lumière, plus intense, concentrée sur le même point, put conserver toute sa netteté et toute sa force. Deux ou trois minutes au plus remplacèrent le pilori d'une demi-heure auquel s'étaient attachés volontairement tant d'innocents infortunés, et la photographie ne mérita plus guère que des éloges. Son mérite s'accrut encore lorsqu'en 1841, un homme qui avait acheté de Daguerre le droit exclusif d'exploiter en Angleterre les procédés photographiques (1), M. Claudet remarqua le don qu'avaient certaines substances d'accélérer l'action des rayons lumineux sur la

(1) Mais ce droit était dans le Domaine public depuis que l'État l'avait payé à Daguerre

plaque iodée, sans être elles-mêmes sensibles à l'influence du soleil; il débuta par les chlorures, par le brome surtout, repoussé primitivement par Daguerre; puis les bromures, la liqueur de Reiser et le liquide de Thierry furent définitivement les substances appelées à stimuler l'iodure d'argent.

Un progrès immense était accompli : les substances accélératrices donnaient des épreuves pures de tout défaut, et ce qui n'avait pu être obtenu jusqu'ici, on l'obtint dorénavant. L'air, le nuage, la feuille, le flot, le mouvement, la vie enfin furent soumis. La photographie commandait à la nature vaincue. Les alchimistes n'avaient pas tout à fait rêvé, et le dix-neuvième siècle reliait l'avenir au passé, en donnant le souffle vital au fantôme chimérique du moyen âge.

Restait cependant une dernière difficulté à vaincre, c'était d'empêcher la vapeur mercurielle de céder à la moindre haleine de vent et d'emporter avec elle l'image tracée par le soleil. Ce fut M. Fixeau qui s'en chargea; il mêla pour cela à l'hyposulfite de soude une dissolution de chlorure d'or, en versa une légère couche sur l'épreuve et chauffa doucement en promenant une flamme sous la plaque. La surface prit un mince vernis métallique, diminua le miroitage du mercure, brunit l'argent formant les noirs du tableau, rehaussa le ton du dessin et garantit l'épreuve contre toute action extérieure. La rapidité d'opération s'accrut, les épreuves furent plus belles et plus solides, etc. ; comme il fallait pour pratiquer plus d'habileté, la photographie devint peu à peu une science accessible à un petit nombre seulement, et par suite susceptible de nouveaux progrès.

Le temps marchait, et Daguerre voyait de loin, sans s'y mêler désormais, ces révolutions successives de l'art créé par lui. Heureux et considéré, il vieillissait en sage dans son château de Petit-Bry-sur-Marne. C'est là, dans cet asile modeste où sa gloire goûtait le repos et où venaient le visiter une foule de savants, d'artistes et gens du monde, admirateurs de son génie, c'est là qu'il s'éteignit le 10 juillet 1851, sa pensée fixée sur le chemin parcouru et sur ceux qu'il voyait entreprendre par les héritiers et les admirateurs de son admirable découverte. Le cimetière de Bry-sur-Marne conservera ses précieux restes. Ils ont dormi longtemps, attendant un monument qui attestât le souvenir de ses concitoyens. La Société libre des Beaux-Arts a pris l'initiative, et une souscription a permis de lui élever un mausolée dont l'architecte est M. Rohault de Fleury et dont les sculptures sont de M. Husson. Dans ce tombeau, dû à la piété de quelques amis, le grand homme, du moins, peut attendre que la reconnaissance de sa patrie se manifeste d'une façon digne de lui et d'elle.

Dans cette courte période de douze années qui sépare sa mort de la vulgarisation de sa découverte, Daguerre avait vu non-seulement grandir, au concours de tous, l'art qu'il avait créé ; mais encore naître pour son exploitation une industrie nouvelle. La découverte des substances accélératrices fit ouvrir partout des ateliers de portraits. Un moyen ingénieux de déposer sur les épreuves une légère couche de couleur qui, discrètement placée, faisait ressortir les tons, relevait l'image et lui donnait une certaine apparence de vie, fit plus pour la fortune des photographes que la découverte plus sérieuse qui substitua la galvanoplastie au placage. C'était la belle époque de l'habit bleu à boutons d'or et de la garde nationale : hausse-col, boutons et broderies étaient coloriés au naturel, l'habit recevait sa teinte, et si la pourpre du ruban de la Légion d'honneur le disputait sur la plaque au carmin des joues, l'œuvre était parfaite. Au point de vue de l'art, c'était laid, c'était atroce, les gens de goût et un peu nerveux hurlaient en le voyant, mais cela plaisait fort au bourgeois qui, pour six ou pour dix francs, possédait son portrait sur argent et colorié; un monument de famille. Le daguerréotypeur qui, le premier, fit une spécialité du garde national était un de ces spirituels Parisiens qui savent si bien jeter la sonde dans les bas-fonds de la bêtise humaine. Lorsque la photographie vint remplacer le procédé Daguerrien, et réparer les méfaits de la plaque, il avait déjà amassé une belle fortune, et il se garda bien de sacrifier le brillant et le solide de ses images métalliques aux perfections artistiques des épreuves sur papier. C'était d'ailleurs un opérateur fort habile, celui qui a su tirer de la plaque le meilleur parti possible, et qui la rendait supportable lorsqu'on ne l'obligeait pas à faire laid.

L'industrie s'étendit à la province, des daguerréotypeurs la parcouraient chargés du lourd bagage daguerrien, et faisaient des portraits et des élèves. Dans certaines localités il se forma des cercles d'amateurs voués à l'art nouveau. C'est par celui de Lille que devait arriver en France la photographie proprement dite.

CHAPITRE III

Aquatintistes et Héliographes. L'électricité supprimant le burin. — La science dans l'art et dans l'industrie.

Dernièrement, les journaux firent quelque bruit de la formation d'une société, dite des aquatintistes. Indignés de voir la photographie, cette parvenue, s'élever tous les jours et atteindre les faîtes où la gravure régnait autrefois seule, ils se coalisaient, disaient-ils, pour empêcher le métier et le simple procédé, d'envahir le domaine de l'art. Pour ces messieurs, en effet, l'épreuve photographique la plus parfaite n'est qu'un produit de l'industrie dû en entier à l'instrument et à la lumière, et dans laquelle le sentiment, l'imagination, l'intelligence, la pensée du photographe n'est pour rien. Comment, en effet, mettre ces images fidèles comme la nature et dont l'admirable dégradation des teintes et l'harmonie si parfaite de la lumière et des ombres fait tout le mérite, à côté de ces épreuves levées sur la planche énergiquement mordue par l'eau-forte ou grattée par le burin, et où se heurte une bataille de lignes hachées, brisées, mêlées, perdues dans le fouillis desquelles l'artiste n'a plus qu'à travailler de longs mois, des années pour retrouver et compléter la pensée qu'il a voulu y mettre.

Certes, nous sommes bien loin de vouloir rabaisser la gravure, et nous la proclamerons toujours la sœur aînée de la photographie. Nous croyons cependant que sa modeste cadette a acquis dans ces derniers temps des qualités qui marquent aussi sa place au palais des Beaux-Arts, et qu'il ne convient plus aujourd'hui, parce qu'on est artiste de par le pinceau, le crayon ou le burin, de passer dédaigneux et ricanants devant elle.

Tous ont grandement à profiter des leçons qu'elle leur donne, et tel qui de bonne foi la repousse, juge le portrait, la marine ou le paysage qu'il achève d'après la reproduction faite en nature par le daguerréotype. Rien n'est plus difficile à détruire que le préjugé, ou l'erreur surtout, lorsqu'ils prêtent au paradoxe et à la verve gauloise. Le temps aura rongé jusqu'au dernier portrait obtenu sur plaque, que l'impression qu'ils produisirent trouvera encore des échos qui iront toujours répétant : la photographie n'est pas un art ; et, au besoin, maint avocat habile pourrait le soutenir à l'Académie comme au Palais.

A cette ardeur nouvelle des aquatintistes, l'art n'a qu'à gagner et nous y applaudissons ; elle enfantera des œuvres admirables, charmantes, qui, par des qualités différentes, serviront à faire ressortir celles de la photographie. Et nous reconnaissons d'autant plus facilement l'impuissance de celle-ci à remplir dans beaucoup de circonstances le rôle de la gravure, que nous savons qu'elle n'a pas besoin des ressources qui lui manquent pour atteindre les hauteurs de l'art.

Ce n'est pas d'ailleurs la photographie proprement dite qui menace de ruine les artistes dévoués à l'eau-forte et au burin ; c'est l'héliographie, cette branche de l'art créée par Niepce, et qui sera bientôt à leurs vieux procédés ce que le chemin de fer est à l'antique diligence.

La plaque, parmi ses nombreux défauts; — nous en avons déjà énuméré quelques-uns, nous aurons encore à en signaler d'autres pour mieux faire ressortir le mérite des progrès successivement accomplis, — avait le défaut fort grand à une époque de vulgarisation comme la nôtre de ne donner qu'une seule épreuve de l'image obtenue et finie. Pour obtenir des reproductions d'un objet quelconque, il fallait dix opérations daguerriennes successives, c'était long et coûteux à désespérer d'obtenir jamais les résultats, les applications pratiques entrevues par le génie d'Arago. Niepce avait eu un autre but; pour lui, l'image fixée par la lumière sur la plaque métallique était soumise à ce qu'il appelait son procédé chimique, qui, agissant sur la planche comme l'eau-forte dans la gravure, permettait de prendre des impressions sur cette même planche. Avant qu'il connût Daguerre, il s'était mis en rapport avec un graveur de Paris, M. Lemaître, et lorsque sa découverte fut divulguée, un grand nombre de personnes, comprenant combien il serait avantageux de faire de la plaque daguerrienne un cliché sur lequel on tirerait un nombre infini d'épreuves, se mirent à l'œuvre pour résoudre le problème. Aujourd'hui la gravure héliographique n'a plus la même importance, la découverte du cliché dioptrique permet d'obtenir un nombre indéterminé d'épreuves, d'une solidité aussi grande que celle des gravures données par le procédé d'impression ordinaire, et d'une perfection infiniment plus grande. Cependant la lenteur de l'opération, les précautions minutieuses qu'elle demande, les variations atmosphériques, sont autant d'inconvénients qu'on n'a pas à vaincre dans les tirages à la presse, et l'on doit souhaiter que les résultats obtenus dans ces dernières années atteignent la perfection relative qu'on peut en espérer.

MM. Lemaître et Niepce de Saint-Victor reprirent les procédés héliographiques tels que les avaient appliqués le premier inventeur de la photographie, et cherchèrent à les perfectionner; ils ont fait connaître les modifications qu'ils y ont apportées dans un mémoire à l'Institut. On opère sur une plaque d'acier dégraissée à la main, sur la partie polie de laquelle on verse de l'acide chlorhydrique étendu de vingt parties d'eau, afin de déterminer l'adhérence intime du vernis. La plaque est ensuite lavée à l'eau et séchée. Une solution de bitume de Judée dans l'essence de lavande est alors étendue au rouleau sur la plaque ainsi préparée, et on la soumet à une chaleur modérée jusqu'à ce que le vernis soit bien sec.

Une épreuve positive dioptrique est placée sur une de ces plaques, et on l'expose à la lumière comme pour un tirage photographique ordinaire; l'opération dure un quart d'heure en plein soleil, une heure à la lumière diffuse, l'image étant visible, on emploie le dissolvant composé d'un mélange d'huile de naphte rectifiée et de benzine, et lorsqu'on juge que son action est suffisante, on l'arrête en versant sur la plaque une nappe d'eau, on lave, puis on sèche, et la planche est prête pour la gravure.

M. Lemaître emploie comme mordant l'acide nitrique étendu d'eau et alcoolisé qui agit aussitôt qu'il est en contact avec la plaque, et ne le laisse agir que fort peu de temps. Il lave et sèche bien le vernis et la gravure, afin de pouvoir continuer de creuser le métal plus profondément sans altérer la couche héliographique. Pour cela il recouvre la plaque d'un nuage de résine réduite en poudre impalpable, et chauffe modérément. La résine forme un réseau sur la totalité de la gravure, consolide le vernis et forme dans les noirs le grain qui permet d'obtenir de bonnes et nombreuses épreuves. On opère ensuite comme pour la gravure ordinaire à l'aquatinta, et on grave ainsi sur cuivre et sur acier toutes les épreuves photographiques obtenues sur verre ou sur papier.

Dans son excellent traité de chimie photographique, M. Barreswil a longuement décrit la lithophotographie. On se sert encore ici du bitume de Judée, primitivement appliqué par Niepce. La dissolution du bitume se fait dans l'éther, et est étendue sur la pierre de manière à former, non pas un vernis, mais ce que les graveurs appellent un grain. On emploie comme cliché dioptrique une épreuve négative, et partout où la lumière peut traverser, le bitume devient insoluble et reste sur la pierre ; il se dissout, au contraire, partout où il est protégé par les noirs négatifs. L'épreuve lithophotographique bien réussie, la pierre reçoit les mêmes préparations lithographiques qu'un dessin fait au crayon, et sans qu'il soit nécessaire d'y faire la moindre retouche; on tire avec cette pierre comme avec toute autre : le dessin s'améliore beaucoup au tirage, il devient plus transparent et plus brillant.

Ainsi le temps et de nouveaux progrès devaient de plus en plus mettre en lumière le nom et les procédés de Niepce, un instant éclipsé par celui de Daguerre, tandis que la plaque daguerrienne complétement condamnée, n'est plus qu'un souvenir, déjà lointain, des incertitudes qui marquèrent les premiers pas de la photographie.

Un instant cependant on espéra que la plaque daguerrienne pourrait fournir des clichés, des images que la lumière y avait gravées. Le hasard avait amené M. Chevalier à souder une épreuve daguerrienne au conducteur d'un appareil galvanoplastique. Le courant électrique agit, une couche de cuivre se dépose sur la surface qui contient l'image, le lendemain on détache les deux plaques, et, sur le cuivre, se trouve une contre-épreuve parfaite de l'original. La plaque qui a servi de type à ce merveilleux moulage n'est nullement altérée et peut être ainsi reproduite un grand nombre de fois sans se détruire ou se détériorer sensiblement. Cette application si curieuse de la galvanoplastie était pourtant sans importance et sans utilité pratique, quelques essais le démontreront bientôt. Mais, en se servant de l'électricité pour déposer sur l'image daguerrienne une légère pellicule métallique, on donne souvent à l'épreuve des tons du plus heureux effet, variables depuis la teinte verdâtre jusqu'au jaune intense si on emploie l'or, et des tons vigoureux du rose pâle au rose le plus vif, si l'on se sert du cuivre. L'argent donne un chatoiement très-agréable et beaucoup de douceur au dessin, mais il lui retire en partie sa vigueur.

Cependant la galvanoplastie devait encore fournir d'ingénieux moyens pour changer en planche gravée la plaque daguerrienne. M. Donné avait reconnu que l'acide azotique étendu d'eau dissout l'argent de la plaque sans toucher aux parties atteintes par le mercure. Il se contentait donc d'entourer les bords de la plaque d'un vernis isolant, et laissant agir l'eau-forte dont il la couvrait, obtenait ainsi un cliché qui pouvait être immédiatement encré et donner quelques épreuves.

Ce procédé si élémentaire ne donnait que des épreuves en petit nombre et imparfaites. M. Fizeau, auquel la photographie doit tant de progrès, essaya de remédier à cet inconvénient. Après avoir soumis la plaque à l'action d'une liqueur légèrement acide et obtenu une planche gravée d'une grande perfection, mais d'un très-faible creux, on la frotte d'une huile grasse qui s'insinue dans les cavités sans recouvrir les saillies, et on dore ensuite la plaque à l'aide de la pile voltaïque. L'or ne se dépose que sur les parties saillantes, et comme il résiste à l'action de l'acide, on peut creuser à volonté en les employant, le métal qui forme le corps de la plaque, et, le travail de la gravure terminé, on recouvre le tout d'une couche de cuivre qui fait ainsi de la plaque un cliché typographique ordinaire. Des gravures ainsi obtenues offrent beaucoup de qualités.

Mais dans tous ces procédés le burin incertain de l'artiste doit se substituer en partie à l'action mathématique des agents naturels, et fausse bien souvent le dessin et la vérité du ton donné par la lumière. Il fallait, pour que le problème de la gravure héliographique fût complétement résolu, faire du fluide électrique un agent assez obéissant pour qu'il complétât seul et sans l'intervention de la main humaine l'œuvre des rayons lumineux.

En attachant une plaque daguerrienne au pôle négatif d'une pile dans un bain faiblement acide et en plaçant au pôle positif un lingot de platine, l'acide attaque l'argent de la plaque et grave en creux le dessin, et une gravure ainsi obtenue rend les traits les plus fins, les plus délicats de l'impression photogénique.

M. Grawe, le savant anglais, fit le premier connaître ce procédé ; mais bientôt, en France, un ingénieux chercheur, M. Baldus, devait faire connaître un procédé plus merveilleux.

L'image est obtenue et solidement fixée sur la plaque enduite du baume de Judée, d'après le procédé primitif de Niepce, par la superposition de l'épreuve transparente du dessin qu'on peut graver, puis la planche est plongée dans le bain galvanoplastique, et si l'on attache la planche au pôle négatif de la pile, on dépose sur la partie du métal non défendue par l'enduit résineux une couche de cuivre, et on forme ainsi une gravure en relief ; si, au contraire, on pose la plaque au pôle positif, ces mêmes parties sont creuses et on obtient ainsi une gravure en creux sur laquelle on peut obtenir des gravures en taille douce, comme sur les *aquatinta*, ou des gravures en relief analogues à celles que donnent les clichés ordinaires d'impression. Le grain, qui, dans la gravure, donne des éclaircies dans les ombres du dessin, sert aussi à harmoniser les tons, sans lesquels un noir ne formerait qu'une tache empâtée, est obtenu par un composé chimique qui, imprégné dans le papier de l'épreuve négative qui sert de cliché transparent, y forme de petits grains cristallisés et dioptriques; l'intervention de l'artiste est donc complétement inutile : la lumière et l'électricité le remplacent.

Chose merveilleuse que la science ou plutôt que cette lutte de l'intelligence de l'homme contre les forces aveugles de la nature dans laquelle celle-ci, toujours vaincue et domptée, semble se soumettre à notre volonté et obéir à nos caprices. Un jour c'est la vapeur qui, indomptable moteur, supprime pour lui le fardeau et la fatigue; le lendemain, la lumière obéissante lui livre ce spectre que chaque être créé projette dans l'espace; puis, l'électricité devient le messager docile qui porte la pensée à peine jaillie des lèvres à chaque coin de l'univers, ou, agent soumis et puissant, vient lui révéler, un à un, le secret de la composition des corps, détruisant ou reconstruisant à son gré, donnant à la matière la forme qu'il lui a plu de rêver et de donner au moule.

Oui, l'art, comme l'industrie, comme les institutions humaines, subit dans ce siècle une révolution profonde et dont la photographie n'est qu'une des phases. C'est le progrès, loi éternelle, qui s'accomplit. C'est le souffle de Dieu qui passe; insensé qui ne le voit pas. Que l'artiste compte désormais avec la science appliquée, il la trouvera à chaque pas devant sa route; qu'il sache à son tour s'en emparer et la faire servir à réaliser sa pensée, qu'il se serve d'elle pour arriver plus rapidement à l'idéal, pour découvrir des horizons nouveaux et plus étendus. Vouloir s'opposer à elles c'est se jeter dans l'engrenage qui broie l'ouvrier comme le grain de sable; vouloir la laisser passer et rester ferme dans les vieux errements, c'est s'oublier sur le rivage bientôt sombre et désert lorsque la voile rapide transporte ses compagnons vers les bords lumineux de l'avenir.

Qu'au lieu de nier l'art dans la photographie, les aquatintistes profitent des leçons qu'elle leur donne. L'interprétation du tableau appartiendra toujours au burin, qui saura faire ressortir ses qualités et pallier ses défauts; le graveur, en copiant l'œuvre du peintre, crée à son tour, combine des effets nouveaux, fait œuvre d'imagination : le photographe crée aussi, combine en dirigeant le jeu de la lumière les effets qu'il veut produire : seulement il se sert d'instruments plus sûrs, d'un agent plus puissant; le graveur userait sa vie pour atteindre la perfection qu'il trouve sans peine. Que chacun d'eux sache rester dans sa sphère.

L'héliographie et les différentes modifications qu'on a voulu faire subir aux plaques daguerriennes, devaient nous occuper d'abord : d'elles est née la photographie, qui, désormais, nous occupera seule.

CHAPITRE IV

Photographie sur papier. — M. Talbot. Une spéculation. — M. Blanquart-Evrard. M. Niepce de Saint-Victor. Les inventeurs et les adorateurs du soleil.

Le résultat qu'on cherchait par tant d'efforts ingénieux, en voulant transformer l'image daguerrienne en gravure, la disparition du miroitage, la rectification de l'image et la multiplication infinie des épreuves, la photographie sur papier devait le donner.

Dès 1802, Wedgewood et Humphry Davy avaient réussi à obtenir sur du papier enduit d'azotate d'argent des reproductions de gravures et d'objets transparents. Le soleil, il est vrai, ne donnait qu'un résultat inverse de l'image qu'on voulait reproduire, les noirs du modèle devenaient les blancs de l'épreuve ou une sèche silhouette accusait simplement les contours.

Le fantôme apparu dans l'ombre ne tenait d'ailleurs pas pied longtemps et s'évanouissait devant la lumière. Humphry Davy, en rapportant cette expérience dans le *Journal de la Société royale de Londres* (tome I, p. 170; 1802), avouait lui-même humblement et naïvement, son impuissance à retenir l'image en empêchant les parties incolores de noircir au jour. Il ajoutait que, quant aux images de la chambre obscure, tous ses essais pour l'obtenir sur le nitrate d'argent étaient restés inutiles. Cet aveu est une preuve de plus que les procédés pour fixer l'image d'une manière durable sont bien et indubitablement français.

M. Talbot faisait aussi partie de la Société royale de Londres; le savant anglais ignorait, a-t-il dit, les tentatives de Wedgewood et de Davy : s'il les eût connues, il ne se fût pas lancé dans une voie où avaient échoué les deux illustres physiciens : il n'avait pas sans doute non plus connaissance de l'envoi du mémoire de Niepce à la Société dont il faisait partie en 1827, ni des épreuves photographiques qu'il laissa à plusieurs savants anglais. Eût-il d'ailleurs vu ces épreuves et lu ce mémoire, il n'eût pu qu'y puiser l'idée naturelle de découvrir le secret que la nature avait déjà livré à l'inventeur français, Niepce ayant gardé tous ces secrets pour lui.

Quoi qu'il en soit, lorsque la voix d'Arago eut fait connaître au monde la découverte de Niepce et de Daguerre. M. Talbot déclara qu'il avait fait depuis 1834 des expériences très-intéressantes et qu'il avait réussi à fixer, d'une manière permanente, l'image de la nature sur le papier. « Si le fait est vrai, disait M. Bauer dans sa lettre du 27 février 1839, il aurait certainement fait le plus utile. »

Pour le plus grand nombre la réclamation de M. Talbot n'apparut que comme une prétention jalouse de l'Angleterre. On ne vit que le dépit d'un savant qui se voyant devancé dans ses recherches, déclara avoir atteint le but qu'il n'avait qu'entrevu. L'enthousiasme était d'ailleurs trop grand pour qu'on admît en France le nom d'un étranger à partager la gloire qui entourait celui de Daguerre. Lorsque, en 1841, M. Talbot communiqua, par l'intermédiaire de M. Biot, ses procédés à l'Académie des sciences, ses réclamations de 1841 n'étaient pas assez oubliées; il avait eu le tort de ne pas indiquer dans sa lettre la manière exacte d'opérer. M. Biot essaya de faire le portrait d'Arago d'après sa méthode sur les échantillons de papier calotype qu'il avait envoyés, et n'obtint rien; d'autres personnes essayèrent sans mieux réussir. La lettre du savant anglais fut mise dans les Comptes rendus de l'Académie (7 juin 1841) sans produire la moindre sensation dans le monde déjà grand des daguerréotypeurs.

C'est qu'il ne suffit pas à une idée ou à une découverte d'être vraie et féconde pour réussir, il faut encore qu'elle arrive à l'heure propice. En juin 1841, M. Claudet venait de découvrir la propriété des substances; il faisait un soleil radieux, et le daguerréotype fonctionnait partout, faisant des portraits avec une rapidité merveilleuse. Il fallait laisser épuiser ce succès avant de songer à des améliorations nouvelles. Sept ans après il n'en était plus ainsi : la vogue de la plaque était épuisée. On voyait ses défauts, on reconnaissait que la plus grande habileté, les plus ingénieux expédients pouvaient à peine les pallier et ne parvenaient pas à les détruire. Il fallait qu'une révolution complète vint sauver la photographie prête à sombrer.

L'attention et les espérances se portaient encore une fois vers la photographie sur papier. On savait qu'à Londres on produisait, d'après une méthode nouvelle, d'admirables épreuves; M. Talbot en avait envoyé quelques-unes à Paris qui semblaient dire qu'en 1841 il avait gardé en réserve le meilleur de ses secrets. Des épreuves très-remarquables se montraient dans les salons officiels. On les attribuait à un jeune employé des finances, qui, dans ses jeux d'enfant, avait cherché à emprunter aux rayons lumineux des nuances variées pour les fruits et la plupart des substances. Mais l'avare inventeur gardait pour lui le secret qu'il avait découvert sans résultat fécond dès lors pour l'art et pour l'industrie. Mais lorsque l'heure du progrès sonne, il s'accomplit par tous les moyens; l'esprit industriel donna ce que refusait l'égoïsme d'une faculté individuelle privilégiée, et de l'indiscrétion cupide d'un valet sortit la découverte nouvelle à qui était promise la métamorphose de l'art, embryonnaire encore, dont nous passons en revue les développements. La chrysalide allait briser sa coque et sortir papillon : le daguerréotype allait passer à l'état de photographie, il avait maintenant des ailes.

Un des préparateurs de M. Talbot avait suivi toutes les opérations qui s'accomplissaient dans le cabinet du savant, et, opérant sous la direction du maître, il s'était familiarisé avec toutes les manipulations si délicates qu'exige la production d'une épreuve photographique. Il fut poussé par la cupidité à faire argent de son savoir, et parcourut la Hollande et l'Allemagne, vendant à qui voulait les payer les secrets du maître. En 1846, il arrivait à Lille. Une société de photographes fort zélés s'y était formée, composée en grande partie de personnages ayant des occupations plus sérieuses qui ne demandaient au daguerréotype qu'une intéressante distraction. Le cercle acheta les procédés offerts par l'ancien préparateur de M. Talbot, et bientôt de nombreuses et bonnes épreuves sur papier remplacèrent à Lille les anciens portraits sur plaque.

M. Blanquart-Evrard, négociant lillois, était un des membres les plus habiles du cercle ; il étudia les procédés Talbot, reconnut leurs défauts, une absence générale de principes dans la préparation du papier, et il perfectionna les procédés anglais au point de faire presque une méthode nouvelle.

Voici comment M. Talbot résumait ses procédés dans sa lettre à M. Biot en 1841 :

« On lave avec une solution de nitrate d'argent dans l'eau pure un des côtés d'une feuille de papier que l'on marque pour pouvoir la reconnaître, et on la fait sécher doucement. On la plonge ensuite pendant deux minutes dans une dissolution d'iodure de potassium. On forme par le mélange d'une dissolution de nitrate d'argent avec une dissolution saturée d'acide gallique auquel on ajoute un peu d'acide acétique du *gallo-nitrate d'argent*, avec lequel on lave le papier ioduré. On plonge le papier ainsi humecté dans l'eau, on le sèche avec le papier-brouillard, et on a ainsi obtenu le papier *calotype*.

« On le met au foyer de la chambre obscure, une minute a suffi pour imprimer l'image, invisible encore, mais qui apparaît dans tous ses détails lorsque, après avoir lavé une fois le papier dans le gallonitrate d'argent, on le chauffe doucement devant le feu ; pour fixer le tableau, il faut l'humecter avec une dissolution de bromure de potassium, le laver encore et le sécher. Les dessins ainsi fixés restent transparents, et on peut en tirer des copies en se servant d'une deuxième feuille de papier calotype qu'on presse contre le tableau, et qu'on expose ainsi à la lumière. »

M. Blanquart-Evrard appréciait ainsi la découverte de M. Talbot :

« Dirigeant mes recherches vers ce but, j'arrivai bientôt à reconnaître que si les résultats obtenus étaient inconstants et défectueux et donnaient des images sans puissance et sans finesse, sans dégradation lumineuse et sans transparence dans les clairs-obscurs ; la cause en était due à une préparation incomplète et trop superficielle du papier. En effet, procédant par analogie avec la préparation sur plaque, on se contentait de déposer sur une des surfaces du papier les principes photogéniques. Cette opération chargeant inégalement la surface, celle-ci était inégalement impressionnée par la lumière lors de son exposition dans la chambre noire. Les réactions chimiques qui suivaient cette exposition, accusaient toutes ces inégalités, et, en outre, la préparation étant trop superficielle, l'image manquait de ton dans les parties lumineuses et de transparence dans les demi-teintes. Cette analyse me conduisit donc à reconnaître ce principe, qu'il fallait rendre la pâte du papier photogénique, en procédant à sa préparation par absorption, de manière qu'elle recélât les principes chimiques des dissolutions, et qu'elle devînt ainsi le milieu dans lequel doivent s'accomplir les réactions chimiques qui, finalement, constituent l'image photographique.

« Ce principe posé, chaque praticien, peut à son gré, choisir ses substances, de même que pour le plaqué d'argent, les uns préfèrent les bromures aux chlorures ; de même pour le papier, ils sont libres de leurs préférences. Les résultats sont relatifs, mais le principe devra être observé dans la préparation. »

M. Blanquart avait raison. Les épreuves obtenues sur papier, où le dessin pénètre toute la matière, l'emportent de beaucoup sur les effets de la plaque, mauvaise gardienne d'une image qu'un souffle d'air où un rayon lumineux peuvent effacer. A ces modifications, M. Blanquart en ajoutait une autre d'une valeur notable, en se servant du papier encore mouillé, et en l'exposant derrière une glace à l'action des rayons convergés par la lentille.

A M. Talbot revient de droit la méthode photographique sur papier, moins ses perfectionnements. Deux séries distinctes d'opérations constituent cette méthode. Dans l'une, la première, la chambre noire rend l'image négative, les parties éclairées s'accusent par des noirs, les blancs représentant l'ombre. L'épreuve positive et l'image redressée apparaissant dans la seconde.

Pour obtenir l'épreuve négative suivant les principes de M. Blanquart le papier, enduit et imprégné d'iodure d'argent est nécessaire. Ce papier entretenu humide entre deux glaces conserve alors une surface égale et unie, et le foyer de la chambre noire le reçoit. Trente et cinquante secondes suffisent à l'effet pour se produire, et l'iodure d'argent est décomposé partout où la lumière a agi. Pour décider l'apparition du dessin, la feuille est plongée dans une dissolution d'acide gallique. L'acide d'argent, affranchi par l'action lumineuse et combiné avec l'acide gallique, donne comme résultat du gallate d'argent, sous l'influence duquel l'image prend sa forme visible. L'épreuve est ensuite lavée dans une dissolution d'hyposulfite de soude qui enlève l'iodure d'argent que n'a pas atteint la lumière, maintient le gallate et procure au dessin son inaltérabilité; avec cette épreuve négative, servant de cliché pour le tirage, s'obtiennent les épreuves positives d'où sort l'image redressée avec les parties éclairées blanches et les parties sombres noires, comme dans la nature et avec des tons proportionnels à l'intensité des effets de jour ou d'ombre sur l'objet exposé.

L'épreuve négative ainsi obtenue est déposée sur un papier imprégné de chlorure d'argent. Tous les deux sont serrés dans un châssis formé par une glace, en ayant soin de laisser l'épreuve négative en dessus, puis on expose l'appareil à l'action de la lumière, exposition qui dure en raison de l'intensité des rayons lumineux.

La marche de l'opération est surveillée attentivement et arrêtée au point où l'on juge le dessin suffisamment marqué.

Pour ce qui regarde l'épreuve positive, comme l'action lumineuse est obligée de traverser la négative, c'est dans les parties correspondantes aux points les plus transparents que le chlorure d'argent est surtout fortement impressionné ; les gallates assurent l'inviolabilité des parties noircies par eux. L'épreuve une fois retirée du châssis est plongée dans un bain d'hyposulfite de soude qui enlève le chlorure d'argent non influencé et détermine le dessin. Les nuances de l'épreuve varient ensuite. D'abord un ton roux, désagréable et uniforme ; elles passent d'une belle teinte brune au bistre, puis au noir des gravures de l'aqua-tinta. C'est le goût de l'expérimentateur qui arrête et fixe ces nuances au ton qui lui convient. L'épreuve, pour terminer, est lavée à grande eau, déposée dans un bain d'eau pure pendant plusieurs heures et séchée en dernier lieu dans un buvard.

L'illustre savant anglais à qui était due, en principe, l'invention de la photographie sur papier, comprit toute l'importance artistique et industrielle des perfectionnements révélés par le mémoire de M. Blanquart-Evrard publié dans les annales de chimie et de physique. Il rendit justice en lui-même à l'homme modeste, qui, sans songer à tirer parti matériellement du service qu'il rendait à la photographie, répandait comme la nature le bienfait de ses découvertes et le trésor de ses expériences, sans marchander ni les unes ni les autres, qui, sans viser au titre d'inventeur, se contentait de perfectionner, de divulguer et de populariser l'application de procédés supérieurs pour l'exécution, la certitude de l'opération et l'abondante reproduction des épreuves, et qui élargissait la voie ouverte devant un art nouveau, auquel se rattachaient plusieurs autres industries. La seule protestation que se permit M. Talbot contre l'oubli de son nom fut l'envoi en France des plus belles épreuves qu'il eût obtenues. Noble et touchante vengeance qui, en remettant les choses à leur place, en rétablissant les situations respectives, n'enlevait rien au mérite du négociant lillois, praticien vulgarisateur et perfectionneur des procédés du savant anglais, tout en faisant appel à l'équité publique et en réclamant de la manière la plus honorable et la plus spirituelle la part qui lui était due dans la reconnaissance du monde savant artistique et industriel.

Malgré la valeur réelle des procédés de MM. Talbot et Blanquart, malgré les justes éloges que méritent l'invention du premier et les perfectionnements du second, un vice grave et profond menaçait l'avenir de la photographie sur papier comme le ver caché au cœur d'un fruit y développe sourdement une lèpre intérieure et mortelle. Les rugosités du papier, les aspérités fibreuses de sa surface et de sa contexture, l'homogénéité de sa pâte, l'impressionnabilité variable des molécules soumises inégalement à l'action capillaire contrariaient l'exactitude des lignes, la délicatesse du trait, la parfaite dégradation des teintes, toutes qualités indispensables pour constituer la perfection des images photographiques. Le moyen de combattre ces inconvénients, c'était de trouver une matière homogène, diaphane, aussi polie que le métal, inaccessible aux irrégularités et aux variations pendant l'immersion dans les bains ou pendant les séchages, et de borner l'usage du papier au tirage des épreuves positives. Qui devait mettre la main sur cette précieuse et indispensable découverte? Un neveu du premier inventeur de la photographie.

Comme son oncle, M. Niepce de Saint-Victor, avant d'être un chimiste et un savant a commencé par être militaire. Il portait l'épaulette de lieutenant de dragons et se trouvait en garnison à Montauban, occupant ses loisirs de province à des études scientifiques, lorsque, par une de ces fantaisies ordinaires aux costumiers du ministère de la guerre, il fut décidé que la couleur rose distinctive des premiers régiments de dragons serait remplacée par la couleur aurore : ceci se passait en 1842, Louis-Philippe étant roi des Français et le vainqueur de Toulouse ministre des armées de Sa Majesté. Rien de mieux jusque-là. Décréter une métamorphose dans l'uniforme du soldat, ce n'était pas une chose au-dessus des forces et de la volonté du maréchal Soult; mais les traditions économiques de la monarchie alors régnante créaient des scrupules à son ministre de la guerre. Le maréchal s'évertuait à trouver le moyen d'opérer la transformation décrétée sans trop bourse délier. Averti qu'un jeune officier en garnison à Montauban offrait de remplir toutes ses vues, le ministre le mande à Paris, et celui-ci, avec quelques coups d'une brosse imbibée d'un certain liquide et passée sur l'étoffe, opère le miracle demandé. Il n'avait fait aucunes conditions. On lui paya sa brosse et son liquide cinq cents francs, on y joignit gracieusement une lettre de félicitations et l'État gagna cinq cents mille francs à ce jeu.

Pendant son séjour à Paris le jeune lieutenant

qui opérait si facilement des changements à vue, ne passait pas uniquement son temps à brosser les cols et les parements de ses confrères les dragons. Surpris à la vue des images photographiques qu'il voyait à chaque pas, il étudiait les procédés auxquels étaient dus les phénomènes héliographiques. Convaincu immédiatement que Paris seul pouvait lui permettre de suivre son penchant pour les études scientifiques il demanda et obtint d'entrer dans la garde municipale où il fut admis en 1845. La caserne du faubourg Saint-Martin lui ouvrit ses portes hospitalières et favorables à son but. De la salle de police des sous-officiers toujours vierge de délinquants, il fit son laboratoire. Le lit de camp, dit M. Figuier, devint sa table; les tablettes fixées aux murailles reçurent ses fioles et ses substances. C'est de là, c'est de ce séjour obscur et plus que modeste qu'il apprit au public intéressé dans la question que la couleur des corps solides est la cause de l'inégale absorption de la vapeur d'iode par ces mêmes corps. Il commence par la reconnaissance de ce phénomène, la série de découvertes qui doit le mener à la fixation des couleurs de l'image photographique, si les espérances que donnent les résultats déjà obtenus, se réalisent.

Deux ans à peine s'étaient écoulés et l'Académie des sciences recevait un mémoire de M. Niepce de Saint-Victor, complété le 12 juin 1848, par un second. Dans le premier, présenté le 25 octobre 1847, le modeste savant indiquait trois procédés pour obtenir des épreuves photographiques sur verre. Le premier recommande d'enduire d'un empois formé d'amidon mêlé d'une quantité déterminée d'iodure de potassium, une glace parfaitement polie, de la faire sécher au soleil ou dans une étuve, afin que la couche photogénique soit la même partout; d'appliquer ensuite sur la plaque ainsi préparée et au moment d'opérer, l'acéto-nitrate au moyen d'un papier imprégné de cette composition; d'y passer, après cela, un second papier trempé dans l'eau distillée. Vingt secondes ou une minute au plus d'exposition sont suffisantes. L'acide gallique fait ensuite surgir le dessin que l'on fixe avec du bromure de potassium. Le second mémoire constate qu'après de nombreuses expériences, M. Niepce de Saint-Victor s'était arrêté à l'emploi de l'albumine de préférence à celui de la gélatine qui, selon lui, donne des dessins très-purs, mais qui se dissout trop facilement dans l'eau. Des blancs d'œufs de vieille poule choisis parmi les plus gros doivent être battus en mousse. L'albumine liquide qui en découle est recueillie avec l'iodure de potassium dans une petite casserole en porcelaine plate carrée dont le fond doit recevoir une couche de ce composé, épaisse de deux ou trois millimètres. La glace destinée à servir de cliché doit être inclinée tout doucement sur l'albumine jusqu'à ce qu'elle soit arrivée à une position complétement horizontale. Relevée ensuite, elle est posée sur un plateau parfaitement à niveau et mise à sécher à une température ordinaire. Pour opérer, l'acéto-nitrate d'argent devient nécessaire alors. La plaque y est plongée, puis lavée avec l'eau distillée et l'opération se termine, comme à l'ordinaire au moyen de l'acide gallique qui fait paraître le dessin et du bromure de potassium qui le fixe.

Quand l'épreuve négative qui doit servir de cliché a été obtenue sur le verre, on passe à une seconde opération en tout semblable à celle dont nous avons décrit la formule, et les épreuves positives sortent indéfiniment de ce dernier travail.

Nous sommes des premiers à reconnaître que cette préparation ne faisait en réalité que modifier les méthodes de Talbot et de Blanquart. Mais cette modification présentait une valeur immense. Le cliché sur verre l'emporte sous tous les rapports sur son prédécesseur, le cliché sur papier, qui, malgré tout le choix apporté au papier, à sa pâte, à sa contexture générale empêchait toujours plus ou moins par ses défectuosités nombreuses la correction du dessin, la netteté des images. Le cliché sur verre offre la même exactitude que la plaque métallique, mais il a de moins qu'elle le miroitage, et la variété des tons s'y mêle à leur vérité. Il est vrai que, dans les premiers temps, on put avoir à se plaindre de la durée de l'opération. La sensibilité de l'iodure de potassium se trouvant amoindrie par l'action de l'albumine, l'image pour paraître sur le verre montrait plus de résistance que sur le métal. Patience ! le progrès ne s'arrête jamais.

Les journées de février 1848 avaient succédé aux journées de juillet 1830. L'ouragan populaire qui envoyait encore une fois une monarchie en exil, en se déchaînant sur Paris, s'était abattu surtout sur les points où se trouvaient les plus énergiques défenseurs de ce qui tombait. La garde municipale surtout eut l'honneur d'une préférence cruelle dans ce déchaînement furieux d'une révolution en délire. La caserne des municipaux du faubourg Saint-Martin fut incendiée et Niepce de Saint-Victor fut surpris au milieu de son laboratoire, de son matériel, de ses découvertes et de ses spécimens qui disparurent dans l'incendie. Quelques jours après, l'organisation de la garde républicaine permit au gouvernement provisoire d'offrir à Niepce le grade de capitaine, compensation insuffisante des pertes subies par lui pendant la tempête. L'élu du suffrage universel, l'Empereur se montra plus généreux que la république. En 1855, il nomma M. Niepce commandant du Louvre : M. Niepce put alors reprendre ses travaux.

CHAPITRE V

Le Coton-Poudre et le Collodion.
voie humide et voie sèche. — Papiers cirés.
Albumine et Gélatine.
Photographie au Charbon.

La photographie sur papier, puis sur verre, étaient venues l'une après l'autre compléter et métamorphoser la découverte primitive de Niepce et Daguerre; une découverte nouvelle allait s'ajouter à celle-ci et élargir le champ de ses opérations : le collodion allait être le salut et l'avenir de l'art photographique.

Quel est l'inventeur du collodion ou plutôt de son application à la photographie? Délicate et difficile question que nous ne saurions résoudre. De 1851 à 1855, dix artistes émérites, esprits ingénieux et fort capables de l'inventer, se sont proclamés avec une entière bonne foi, auteurs de la découverte. D'autres sont venus après eux et ont fait vivement valoir leur droit de priorité; après ceux-ci d'autres viendront encore affirmant que, bien avant qu'on parlât de glaces collodionnées, ils employaient ce produit dans leurs ateliers.

Je ne puis entendre discuter sur l'origine de certaines inventions sans me rappeler ces sectateurs d'Orient qui, à des jours donnés, se réunissent sur les hauteurs pour adorer le soleil à son lever. Les uns ont l'œil tendu à l'orient, d'autres fixent, au contraire, le sommet des monts qui s'élèvent à l'occident, le premier qui apercevra l'astre-Dieu devant être proclamé heureux et saint entre tous. Puis, tout à coup, le soleil surgit à l'horizon, et, en une minute, mille voix s'élèvent pour saluer sa présence; nul ne peut décider quel est l'élu qui l'a vu le premier; chacun prétend à cet honneur et les solstices se succèdent amenant toujours les mêmes prétentions et les mêmes embarras. Cependant le soleil, qui s'est levé pour tout le monde, répartit également sur tous ses bienfaisants rayons.

« La photographie sur verre, avait dit M. Niepce de Saint-Victor, dans son second mémoire à l'Institut, est, sous tous les rapports, supérieure à la photographie sur papier, sauf pour la vitesse. » L'emploi de l'albumine demandait, en effet, une pose de quatre-vingts secondes à deux minutes, c'était trop long pour le portrait. Tous les efforts tendirent, dès lors, à trouver une substance accélératrice qu'on pût mêler à l'albumine ou un composé agglutinatif qui pût s'étendre facilement en mince couche sur la glace et s'imprégner de chlorure d'argent sans diminuer en rien la sensibilité photogénique de ce sel. L'inventeur de la photographie sur verre, avait indiqué l'amidon avant de s'arrêter à l'emploi de l'albumine, puis il avait reconnu que le mélange des deux substances accélérait beaucoup l'opération et que les pellicules à base de fécule étaient celles qui conservaient le mieux au composé d'argent toute sa sensibilité. Seulement elles se fendillaient et tombaient en poussière trop facilement; la manipulation de la plaque était difficile et délicate. De ces données à l'application du collodion, il n'y avait que la distance du premier incident venu qui inspirerait l'idée d'étendre sur la glace une substance dont on faisait déjà un usage presque général pour recouvrir certains objets d'une pellicule très-homogène, très-adhérente et d'une souplesse parfaite. Cet incident dut se présenter à plusieurs presque à la fois, car les procédés de la photographie au collodion furent publiés presque en même temps en Angleterre et en France, et aussitôt beaucoup d'artistes déclarèrent qu'ils en faisaient usage depuis longtemps.

Le collodion lui-même avait une singulière origine, il provenait du fameux coton-poudre dont la découverte ne fut qu'une mystification, qui tint pendant quelques mois le monde entier en émoi. Vers la fin de 1846, les journaux avaient commencé à s'occuper d'une découverte des plus singulières. Un chimiste de Bâle avait, disait-on, trouvé le moyen de transformer le coton en une substance jouissant de toutes les propriétés de la poudre. On avait fait à Bâle des expériences publiques qui ne laissaient aucune place au doute : avec une petite boulette de coton offrant l'aspect ordinaire on avait chargé des armes et obtenu ainsi tous les effets explosifs de la poudre. On prêtait à la substance nouvelle des propriétés merveilleuses, elle pouvait être impunément plongée dans l'eau et y séjourner longtemps, elle brûlait sans fumée, ne noircissait pas les armes et avait une force de ressort trois ou quatre fois supérieure à celle de la poudre de guerre.

Dans la séance du 5 octobre, M. Schoübein, l'inventeur du terrible fulminate, présenta à l'Académie des sciences un mémoire dans lequel il énumérait longuement toutes les propriétés et la puissance balistique de la poudre-coton ; il n'oubliait qu'un point, c'était de dire comment on préparait ce curieux produit ; il se réservait pour en tirer un profit personnel, la possession entière de ce secret.

Un rire homérique faillit accueillir la discrète et intéressée réserve de l'inventeur allemand ; tous les chimistes qui se trouvaient là avaient, en effet, compris que la poudre-coton n'était autre chose que la *xyloïdine*, produit découvert en 1832 par Bracnnoiot, de Nancy, qui le préparait en traitant l'amidon par l'acide azotique, et étudié en 1838 par M. Pelouze. Dans un de ces mémoires corrects et achevés, comme on les aime à l'Institut, le savant académicien y disait que si l'on plongeait pendant quelques minutes du papier, des tissus de coton ou de lin dans l'eau forte, ces matières se changent en xyloïdine et donnent un produit susceptible d'application dans l'artillerie.

Un capitaine de Vincennes, M. Haquin, fut chargé de faire des essais. Mais ce dernier eut un tort grave dans cette affaire, il mourut, et M. Pelouze n'y songeait plus lorsque la découverte du coton-poudre éclata en plusieurs académies.

Le secret de l'inventeur était désormais celui de tout le monde. Le lendemain on préparait du coton-poudre dans tous les laboratoires. L'émotion produite sur l'amirauté anglaise par le combat du Monitor et du Mérimac peut seule être comparée à celle qui s'empara alors du public; pendant un mois on ne parla pas d'autre chose, et, au grand désespoir du pauvre inventeur qui ne savait pas en prendre son parti, le dernier pharmacien de village préparait aussi bien le fulmi-coton que le plus habile chimiste de l'Académie. Heureusement pour ses intérêts, l'Allemagne fit de cette question une affaire d'amour-propre; afin de constater les droits du pays à cette découverte, la diète germanique accorda à M. Schoübein, comme récompense, une somme de 260,000 francs et pour cette honnête rémunération le naïf et patriote Bâlois livra un secret qui n'apprit rien à personne.

Nous ignorons si, dans la pensée de la diète

allemande le coton-poudre avait une destination civilisatrice par la puissance même de destruction dont il était armé, et si le bon Allemand qui s'en croyait l'inventeur, voyait un instrument de progrès dans la terrible puissance qu'il s'imaginait avoir reconnue dans le fulmi-coton; mais, sauf dans les mines où il peut rendre de très-grands services, ses propriétés explosives n'ont pu trouver la moindre application. La pyrobalistique qu'il devait révolutionner ne trouva en lui qu'un agent indomptable, qui échappe par sa puissance même à toute mesure et à tout calcul. La médecine y trouvait au contraire un nouveau moyen curatif, l'industrie une source d'applications nouvelles; et l'art photographique un de ses éléments les plus précieux.

M. Gudin avait découvert que le coton-poudre est fusible dans l'éther sulfurique alcoolisé : c'est cette dissolution semi-opaque et jouissant d'un pouvoir d'adhésion très-grand qu'on nomme collodion. Un étudiant en médecine de Boston, M. Maynard, remarque qu'appliqué sur la peau, l'évaporation rapide de l'éther laissait à sa surface une sorte de vernis très-adhérent et résistant parfaitement à l'action de l'eau et des humeurs.

Il s'en servit le premier pour le pansement des plaies; bientôt son usage fut adopté en Angleterre et en France et aujourd'hui la dissolution éthérée du coton-poudre est devenue un des agents les plus précieux et les plus habituels pour la chirurgie et la médecine, qui l'additionnent de différentes substances suivant les qualités spéciales qu'on veut lui donner.

L'art photographique n'avait donc qu'à imiter en tout la méthode suivie dans la pratique médicale pour faire du collodion un de ses agents les plus dociles et les plus usuels. En 1851, M. Legray annonçait avoir fait usage, sans grand succès, du collodion pour remplacer l'albumine dans la photographie sur verre. La même année un photographe de Londres, M. Larcher, publia une description très-complète des procédés et moyens qui sont nécessaires pour faire usage avec succès du collodion en photographie. Ces procédés furent aussitôt mis en pratique et l'on reconnut promptement toutes les ressources qu'offrait cette méthode nouvelle aux opérations.

La composition et la préparation des collodions varie presque à l'infini. Chaque photographe à sa recette propre dans laquelle il a plus de confiance qu'aux autres et qu'il modifie suivant les circonstances dans lesquelles il doit opérer, suivant les effets qu'il veut obtenir. Nous ne pouvons donner ici que la méthode la plus générale; la pratique, l'expérience, d'innombrables essais permettent seuls d'apprécier les différences qui existent dans le résultat que donnent les recettes nouvelles journellement publiées, et peuvent indiquer les avantages que telle préparation doit offrir sur telle autre.

Le collodion normal consiste en une dissolution de neuf parties de coton-poudre dans six cents parties d'éther et quatre cents parties d'alcool[1]. On mêle à cette dissolution visqueuse certains bromures et iodures solubles en proportions déterminées. Après avoir parfaitement nettoyé la glace, on y verse une certaine quantité de collodion ainsi préparé en ayant soin qu'il s'étale en nappe d'égale épaisseur sur toute sa surface. La prompte

[1] Nous n'avons pas besoin de rappeler que nous ne publions pas un manuel de photographie; il nous faudrait alors entrer dans de minutieux détails au sujet de chaque opération que nous relaterons. Outre que ces détails seraient fastidieux dans un livre qui ne veut donner sur les procédés que des idées précises mais générales, ils ne sauraient suffire pour donner au photographe une habileté qu'il n'acquerra que par la pratique.

évaporation de l'éther laisse la glace couverte d'une péllicule visqueuse et fortement adhérente. On plonge ensuite la glace dans une solution d'azotate d'argent. Cette opération transforme en iodure et en bromure d'argent les iodures et les bromures mêlées ou collodion. On retire la glace, on la fait égoutter quelques instants, et elle est prête à recevoir l'image photogénique.

Lorsqu'elle a reçu l'impression de la lumière, on développe l'image en plongeant la glace dans une solution capable d'achever la réduction du bromure et de l'iodure d'argent dans les points où elle a été commencée par la lumière ; on emploie dans ce but soit une solution de protoxyde de fer, soit une solution d'acide pyrogallique. — Enfin on enlève le bromure ou l'iodure d'argent non altérés au moyen d'une solution d'hyposulfite de soude comme pour les épreuves daguerriennes, on lave et on laisse sécher. Pour garantir l'image on recouvre ordinairement la plaque d'une couche de vernis, et on possède alors un cliché négatif dont on peut tirer un nombre indéfini d'épreuves positives.

Il est inutile d'observer que toutes ces manipulations doivent être faites dans le cabinet éclairé par la lumière jaune ou dans une pièce où il n'y ait d'autre lumière que celle d'une bougie; ce n'est qu'après la fixation de l'image par l'hyposulfite qu'on peut exposer le cliché à la lumière solaire.

Les glaces ainsi recouvertes d'un enduit de collodion, sensibilisées et exposées dans la chambre noire, encore humides, sont le moyen le plus parfait que l'on possède aujourd'hui pour la reproduction photographique des images. La pellicule organique se prête merveilleusement aux opérations photogéniques. Elle s'imprègne complétement des sels d'argent et s'impressionne aux rayons lumineux avec une rapidité étonnante. Le temps d'ôter et de remettre le couvercle qui ferme l'objectif, l'espace de quelques secondes à peine suffit pour que l'action des rayons lumineux soit parfaite. Aussi la reproduction des objets en mouvement eux-mêmes n'échappe plus aujourd'hui au daguerréotype; et l'aspect mouvant des foules comme celui des vagues, l'image du cheval qui s'élance rapide comme la flèche, celle de la locomotive qui dévore l'espace, peuvent être saisis et fixés pour toujours par la glace collodionnée. On comprend, dès lors, que le portrait qu'on n'obtient qu'à grand'peine sur la glace albuminée, en raison de la lenteur d'impression de la matière sensible s'exécute par le collodion avec la plus grande facilité en quinze ou vingt secondes, et que tous les artistes qui se sont voués au portrait n'emploient pas d'autre méthode.

Cependant le collodion ainsi employé, parfait lorsqu'on opère dans un laboratoire où tout a été disposé pour la facilité, la rapidité et la réussite des opérations, a un très-grave inconvénient si l'on doit opérer loin d'un atelier ordinaire, en rase campagne, en un endroit où rien n'a été spécialement disposé pour la préparation des plaques et le fixage des images. Le collodion se dessèche avec une rapidité fort grande et en perdant son humidité il perd ses qualités photogéniques. La voie humide ne pouvait donc être employée pour la reproduction des paysages, les excursions lointaines; il fallait trouver un moyen d'obvier à ce grave inconvénient.

Plusieurs procédés ont été inventés dans ce but, le seul que nous citerons, parce qu'il est le plus ancien et le meilleur, c'est le procédé Taupenot. Ce jeune savant, trop tôt enlevé à la science, découvrit qu'en mêlant une certaine quantité d'albumine au collodion, l'impression de l'image était moins rapide, mais que la sensibilité est plus durable, et qu'on peut préparer les glaces plusieurs jours avant de s'en servir. C'est ce procédé en usage pour les paysages qu'on désigne ordinairement sous la dénomination de *voie sèche*.

Voici comment on opère :

On dépose d'abord une couche de collodion iodurée sur la glace, et on sensibilise au moyen du nitrate d'argent, acidulé ; après avoir lavé à plusieurs reprises avec de l'eau distillée, on étend sur la plaque deux couches successives d'une solution iodo-bromurée d'albumine ; cet enduit préserve le collodion de l'action décomposante de la lumière, et la plaque peut être conservée dans cet état pendant deux années au moins. Un ou deux jours avant de s'en servir, on la sensibilise de nouveau dans un bain d'azotate d'argent, mais l'exposition dans la chambre noire exige trois ou quatre fois plus de temps qu'avec le collodion humide. On développe l'image avec une solution d'acide gallique et on la fixe par l'hyposulfite de soude.

Les épreuves positives s'obtiennent avec les

clichés collodionnés comme dans les procédés Talbot ou Blanquart-Evrard; le cliché en verre remplace avec immensément d'avantages le cliché sur papier. On se sert ordinairement de papier préparé au chlorure d'argent. On fait virer l'épreuve dans une solution de chlorure d'or, on la fixe à l'hyposulfite, on lave pendant cinq heures au moins, à l'eau pure, fréquemment renouvelée, et on fait sécher.

Le collodion a parfois le grave défaut de se fendiller ou de former des soulèvements de petites ampoules, quand la dernière sensibilisation a lieu et surtout lors de la formation et de la fixation de l'image. M. Brébisson reconnut que le miel, comme un grand nombre de substances agglutinatives, à la propriété de lutter contre le premier de ces défauts; il faut pour cela n'employer que le miel liquide ayant coulé de lui-même des alvéoles et non le miel fondu artificiellement, il empêche non-seulement le collodion de se dessécher et de se fendiller, mais il permet de se servir de vieux collodions devenus rouges et ayant perdu toute sensibilité.

Pour empêcher le soulèvement de se former, il suffit de n'employer que des glaces parfaitement nettoyées et desséchées avec un collodion très-étendu d'éther et avec de l'albumine additionnée d'eau chargée de dextrine. On prévient encore ces défauts en augmentant la dose d'éther dans le collodion, ou en ajoutant une très-petite quantité de solution alcoolique d'iodure de fer; cette modification donne une très-grande solidité à la couche. On emploie aussi parfois une base d'acide pyrogallique après la dernière sensibilisation de la plaque, et on attribue à ce procédé de grands avantages. La sensibilité s'augmente, l'apparition de l'image se fait plus promptement, la vigueur des épreuves est plus grande, et le temps de l'exposition dans la chambre noire peut être prolongé sans crainte de voir les clairs se solariser et la venue des détails dans les ombres se perdre sous l'intensité lumineuse.

Le collodion porta le dernier coup à la plaque daguerrienne. La photographie sur verre donne des images d'une finesse égale à celle des produits daguerriens, d'une vérité et d'une richesse de tons qui ne sauraient être égalées, lorsqu'on procède par voie humide toutes les fois qu'on peut opérer dans un atelier, et il suffit de collodionner deux fois sa plaque, pour obtenir par la voie humide des perspectives d'une profondeur et d'un effet incomparable. Il ne faut pas cependant considérer la photographie sur verre comme un procédé définitif dans cet art, pour les opérations qui exigent l'emploi du collodion sec, très-difficile à préparer. La mince ténuité de la couche sensible ne permet pas de donner une profondeur suffisante à l'image, ni assez de vigueur et d'effet aux dessins lorsqu'il s'agit de reproduire de vastes perspectives, de lointains horizons. En raison de leur poids considérable, de leur fragilité, de leur prix, les plaques de verre amènent d'ailleurs dans la pratique des embarras de tous genres; pour le voyageur photographe elles sont à peu près d'un usage impossible. Un cliché qu'une simple distraction peut réduire en mille pièces ne pourra non plus jamais devenir un instrument à l'usage de l'industrie, et ce sera un obstacle aux applications futures de la photographie aux arts industriels. On a dû chercher à remédier à ces difficultés en perfectionnant le cliché sur papier que le cliché sur verre ne remplacera jamais entièrement lorsqu'il ne s'agira pas du portrait.

M. Blanquart-Evrard proposa de supprimer

le verre et de le remplacer par du papier sur lequel serait étendue la couche d'albumine, c'était retourner en arrière et se condamner à n'obtenir de bonnes épreuves qu'après avoir subi toutes les lenteurs propres à l'albumine. On avait de plus à subir tous les défauts d'homogénéité et de contexture que nous avons signalés dans les clichés sur papier.

Une découverte plus importante est celle des papiers imbibés de cire. Comme pour le collodion, plusieurs photographes se disputent l'honneur de l'invention, ne sachant à qui l'attribuer, ne connaissant même pas tous les prétendants, nous n'en nommerons aucun. On choisit du papier fin, bien collé, d'une contexture égale, et on le dépose pendant un quart d'heure dans un bain de cire vierge blanche fondue au bain-marie. Quand le papier est bien pénétré on le retire, et pour enlever l'excès de cire, on le presse à l'aide d'un fer chaud entre plusieurs feuilles de papier buvard. On le laisse tremper ensuite pendant une heure au moins dans une dissolution d'iodure et de cyanure de potassium, d'iode et de sucre de lait dans de l'eau distillée. On fait ensuite sécher et on peut le conserver à l'abri de la lumière pendant deux ou trois mois. On sensibilise dans un bain d'eau distillée contenant de l'acétate d'argent et de l'acide acétique cristallisable. On lave à l'eau et on sèche entre des feuilles de papier buvard blanc. Ce papier est impressionné à sec, on développe l'image dans un bain d'eau distillée, d'acide gallique et d'acéto-nitrate d'argent. L'hyposulfite sert à la fixer.

L'emploi des papiers cirés donne une grande ténuité à la couche impressionnable du sel d'argent, et en cela ils ont le même inconvénient que la glace. La quantité de sel d'argent absorbé est même moindre dans le papier imprégné de cire que quand on opère avec d'autres substances organiques, surtout avec le collodion. La cire en sa qualité de corps gras étant difficilement accessible aux liquides, qu'elle semble pour ainsi dire repousser, on a eu alors recours à la gélatine primitivement indiquée par M. Niepce de Saint-Victor, on l'a étendue sur du papier pour la préparation de l'image et on en a fait la base d'une méthode qui n'a pas d'autre différence avec le procédé primitif de M. Talbot que cette addition de gélatine. On a obtenu avec des papiers ainsi préparés de magnifiques reproductions de paysages. M. Humbert de Molard avait employé des papiers rendus transparents par certaines résines dissoutes dans l'alcool. On applique son procédé, en le modifiant, au papier ciré, et l'on obtient ainsi de très-bons résultats.

Mais tous ces papiers, tous ces procédés plus ou moins modifiés ne constituent qu'une manière d'opérer générale. Il faut bien se garder de croire qu'il suffit du premier individu venu, étranger à l'art du dessin et de la peinture et aux sciences physiques et chimiques, d'acheter un daguerréotype, d'étudier une brochure, et de suivre simplement les instructions qu'elle donne pour produire des merveilles; c'est le savoir, l'expérience, le génie du photographe seul qui guident l'opération, modifient les procédés suivant les besoins, et font l'épreuve. La photographie, bien comprise, n'est pas un métier, c'est un art; tous les procédés ne doivent servir à ceux qui l'exercent qu'à traduire dans leurs œuvres le sentiment qui les anime, comme le tableau reproduit le sentiment du peintre. C'est son savoir qui doit mettre de l'air dans le paysage, l'expression et la vie dans le portrait. De là l'infinie variété des modifications qu'on compte à ces procédés généraux, les tâtonnements incessants des artistes, les recettes, les manipulations qu'ils préconisent et qu'ils abandonnent tour à tour suivant qu'elles répondent ou qu'elles n'obéissent pas à leur impression du moment.

Donc en thèse générale toutes ces méthodes sont bonnes quand elles sont employées intelligemment et dans les circonstances qui leur sont favorables; elles ont toutes des qualités essentielles qu'il faut conserver et développer et des défauts graves qu'on doit faire disparaître.

Le papier ciré et rendu transparent n'est jamais d'une pâte assez fine et assez homogène pour offrir à la lumière qui doit le traverser une transparence parfaitement identique; les différentes épaisseurs de son tissu atténuent plus ou moins l'intensité de la lumière qui le traverse; elles produisent sur les épreuves positives une foule de petites taches qui donnent à ces épreuves un aspect grenu souvent désagréable et altérant aussi la finesse du dessin. L'albumine est difficile à étendre et surtout à préserver de la poussière dont le moindre atome produit dans l'intérieur de la couche des taches inévitables. Le collodion perd, en séchant sa sensibilité, le procédé Taupenot exige une manipulation compliquée, difficile; dans tous ces divers procédés la sensibilité est toujours diminuée, l'exposition dans la chambre obscure devient longue; ils ne peuvent s'appliquer dès lors qu'à la reproduction d'objets inertes complétement au repos.

Il faudrait donc fabriquer des papiers d'une homogénéité de pâte et d'une contexture parfaites ou les remplacer par une substance dioptrique qui n'eût pas leurs défauts; il faudrait trouver pour l'albumine, le collodion sec, des substances accélératrices; il faudrait surtout, et ce serait un progrès immense, trouver un collodion sec ou un composé nouveau qui, étendu sur le papier ou sur la glace et exposé dans la chambre noire plusieurs jours après avoir été préparé, séché et sensibilisé, y recevrait en quelques secondes une image latente que l'on pourrait ne développer ensuite que quelques jours après l'avoir obtenue. Le photographe voyageur n'aurait plus alors qu'à transporter sur les lieux de l'opération ses glaces et ses papiers sensibilisés; sans se préoccuper de procédés ou de manipulations, il chercherait les meilleures combinaisons optiques pour rendre le point de vue ou le monument tel qu'il le sent, et, se bornant à prendre l'image, il la laisserait voilée dans la pellicule photogénique jusqu'à ce que, rentré dans son atelier, il pourra opérer le plus commodément possible, et la développer dans les conditions les plus favorables.

Le collodion exposé dans la chambre noire au moment où, sensibilisé par le bain de nitrate d'argent, il est encore humide est la substance qui donne, nous l'avons dit, les meilleurs résultats. C'est celle qui doit être exclusivement employée pour le portrait. Mais sa sensibilité même exige la plus grande habileté de la part du photographe. C'est lui qui doit faire le portrait en composant la pose, mesurant la lumière, réglant les effets; c'est à lui de faire que l'extrême finesse ne dégénère pas en sécheresse, la pureté des lignes en dureté, de remédier à toutes les causes qui pourraient fausser les tons, nuire à la fidélité des détails et à l'harmonie de l'ensemble.

Pour les épreuves positives le procédé est toujours le même, quel que soit le négatif employé. Mais dans la fixation et le virement de ces épreuves que de savoir et de délicatesse de manipulation sont nécessaires! De la composition des bains, de la durée de l'immersion dépendent le ton, la pureté et la durée de l'épreuve. Avec l'emploi bien entendu de l'hyposulfite de soude et des sels d'or, on peut bien parvenir à produire des épreuves d'un aspect irréprochable, parfait; mais les sels d'or sont fort coûteux, l'industrie ordinaire ne saurait en faire usage; puis, quel photographe de bonne foi pourrait affirmer que les épreuves qu'il produit ne subiront jamais d'altération aucune? Sans doute il a employé les meilleurs procédés, sans doute il n'a négligé aucun soin, jamais encore aucune des épreuves qu'il a livrées depuis les premières de sa pratique n'a subi la moindre variation, et cependant il craint pour son œuvre l'action du temps.

C'est la lumière en effet qui a formé le dessin en noircissant quelques parties du papier rendu sensible. Quelques opérations chimiques ont ensuite détruit et arrêté cette action de la lumière et semblent fixer l'image à l'intensité de ton qu'on a voulu lui laisser acquérir. Mais des réactions ont encore lieu, et, malgré les améliorations apportées, il est prouvé que les substances généralement employées pour empêcher la lumière ou l'atmosphère de continuer d'agir sur la couche qui porte le dessin peuvent quelquefois attaquer les ombres et les demi-teintes que cette lumière a produites.

Nous possédons un procédé spécial de virage qui, en remédiant, autant que possible, à ces inconvénients, donne des épreuves d'un ton admirable et d'une durée assurée; c'est un de ces secrets qui ne doivent jamais sortir du laboratoire dont ils font en partie la réputation et la fortune. Nous l'avons cependant volontiers indiqué aux photographes artistes sérieux qui, frappés de ces résultats, ont désiré le connaître.

Cette possibilité d'altération et la cherté des sels d'or et d'argent ont fait chercher le moyen de remplacer les teintes que la lumière a formées par le noircissement plus ou moins intense du nitrate d'argent, c'est-à-dire le dessin, par une poussière impalpable qu'absorbe, s'assimile ou emprisonne en quelque sorte la couche sensible dont on a enduit le papier et en raison de l'intensité dont cette couche a été frappée par la lumière à travers le cliché. C'est cette idée qui constitue le procédé au charbon inventé par M. Poitevin, et depuis perfectionné et modifié par plusieurs.

Voici comme on procède le plus ordinairement : on fait dissoudre 7 grammes de gélatine dans 100 grammes d'eau saturée de bichromate de potasse, dans une cuvette de porcelaine chauffée avec la lampe à alcool. On fait flotter sur cette solution une feuille de papier fort et fin, on l'enlève au bout de quelques secondes et on la suspend par un angle pour la faire sécher. Après dessiccation, il suffit, pour cette feuille ainsi sensibilisée, d'une exposition sous un cliché négatif d'une durée quatre fois moindre que celle qu'exige le papier au chlorure d'argent; il faut avoir soin de ne pas solariser les clairs ou les noirs n'adhéreraient pas sur ces points.

Au sortir de l'exposition à la lumière, on fixe momentanément l'épreuve sur une glace, l'image en dessus, et avec un tampon de coton, trempé dans du noir de fumée bien sec, on frotte l'épreuve de manière à la couvrir d'une couche uniforme. Ou mieux, on couvre avec l'image une boîte contenant une couche de poussière impalpable de charbon qu'on soulève à l'aide d'une soufflerie; le tourbillon nuageux recouvre aussitôt l'image d'une couche adhérente, suffisante. Détachée de la glace, la feuille est placée dans une cuvette, on verse dessus une couche d'eau bouillante, puis, au moyen d'un tampon ou d'un pinceau fin et mou, on découvre le dessin en passant successivement sur les diverses parties et nettoyant les blancs. Un lavage à grande eau termine l'opération.

Certains photographes mettent le noir avant l'insolation, d'autres se servent de plombagine, de sanguine ou de toute autre poudre colorée qu'il faut toujours bien fine et bien sèche.

Le procédé au charbon a été depuis modifié par son inventeur. Il s'est appuyé sur ce fait, que les sels de fer au maximum communiquent aux matières organiques, la gomme, la gélatine, l'albumine auxquelles on les mêle, une insolubilité qui cesse sous l'influence de la lumière en présence de l'acide tartrique, lequel en réduisant l'acide ferrique rend à la matière organique son état naturel de solubilité.

La gélatine a été considérée comme la matière organique qui réussit le mieux. On fait dissoudre dans un litre d'eau pure de 50 à 60 grammes de gélatine ; on colore cette solution à l'aide d'une quantité suffisante de noir de charbon ou de toute autre couleur inerte. La dissolution étant placée dans une cuvette que l'on maintient tiède au bain-marie, on applique à sa surface chaque feuille d'un seul côté seulement. Cette surface se recouvre ainsi d'une couche colorée très-uniforme. On pose ensuite la feuille à plat, et on laisse sécher cette couche en dessus.

Pour sensibiliser les feuilles ainsi préparées, on les imprègne des deux côtés d'une dissolution composée de dix grammes de perchlorure de fer et de trois grammes d'acide tartrique, et on laisse sécher dans l'obscurité. Tant qu'elle reste à l'abri des rayons solaires, la couche de gélatine est complétement insoluble, même dans l'eau bouillante.

On place ces feuilles sous un cliché positif et dans les endroits où la lumière agit, la couche redevient soluble dans l'eau chaude et s'impressionne d'autant plus profondément que les clairs laissent passer une plus grande quantité de lumière.

Après quelques minutes d'exposition au soleil, si le cliché positif n'est pas très-intense (ce qui est préférable pour ce genre d'impression), on plonge la feuille dans l'eau chaude ; alors toutes les parties insolées s'y dissolvent en proportion de la quantité de lumière qui a traversé chaque partie du cliché. Dans les parties les plus éclairées, la gélatine se dissoudra jusqu'au papier qui formera les blancs; dans les parties moins éclairées, une certaine proportion seulement de la couche disparaîtra de la surface, et formera les demi-teintes en les graduant par une épaisseur plus ou moins grande de la gélatine restée insoluble. Les parties complétement noires du cliché positif seront rendues par la couche entière de la gélatine carnonisée restée insoluble.

Pour fixer l'épreuve, on enlève le composé ferrugineux en le faisant tremper dans l'eau acidulée, puis on fait un second lavage à grande eau, et on laisse sécher.

Le procédé au charbon est encore dans l'enfance. Les produits remarquables qu'il a donnés font beaucoup espérer de l'avenir, et c'est déjà un résultat considérable d'obtenir rapidement et presque sans frais des épreuves indélébiles; il ouvre peut-être une ère nouvelle à l'impression photographique qui pourra ainsi fournir des dessins à aussi bon marché et aussi inaltérables que la gravure et la lithographie. Mais il ne faut pas croire pouvoir les comparer comme finesse, comme charme, comme harmonie aux épreuves obtenues par le chlorure d'argent, et aux images fixées par les chlorures d'or et l'hyposulfite. L'effet du frottement leur donne un aspect plombé froid et peu agréable ; les tons sont mal fondus; les particules carboniques font que les bords d'un trait ont toujours des bavochures qui, quoique microscopiques, nuisent à la netteté du dessin. Ce sont là des défauts inhérents à la nature du procédé même, et qui ne lui permettront jamais de lutter avec le papier sensibilisé par le chlorure d'argent, du moins pour le portrait.

Presque périodiquement une pompeuse annonce vient proclamer un progrès immense, une révolution en photographie. On suppute, par exemple, la quantité énorme d'argent et d'or absorbée tous les ans par les procédés photographiques, on voit la hausse et la rareté des métaux précieux suivre le développement de cet art, et on assure avoir découvert une substance sans valeur, les procédés les plus simples qui remplaceront les sels d'argent, les longues manipulations, et donneront des produits d'une perfection achevée. Méfiez-vous ! il n'y a rien derrière ces annonces, rien que l'illusion loyale d'un praticien inexpérimenté ou d'un esprit maniaque, lorsqu'on n'y trouve pas une spéculation tentée, un hameçon tendu aux bailleurs de fonds qui voudront y mordre. En dehors des méthodes que nous venons de décrire, il n'existe que des modifications de procédés qui peuvent bien avoir une importance relative, mais qui tous rentrent dans des procédés déjà connus et sur aucun desquels on ne peut baser des espérances trop étendues. Le photographe ne doit adopter que comme essai les recettes et les manières d'opérer qu'on vante le plus; c'est à lui de se faire une méthode personnelle qui, s'il est réellement artiste, conviendra toujours le mieux au genre auquel il s'est spécialement voué.

CHAPITRE VI

**Héliochromie. — L'attrape-penny de M. Hill.
Spectre solaire de M. Becquerel.
Mémoires de M. Niepce de Saint-Victor.**

Au commencement de 1851, il nous arriva d'Amérique cette nouvelle qu'un photographe des États-Unis venait de découvrir le moyen tant cherché de reproduire avec leurs couleurs naturelles les images de la chambre obscure. L'idéal de la photographie était atteint ; le rêve de tant d'individus qui, de bonne foi, attendaient, comme ce fut quelques années la mode, que le daguerréotype fût parvenu à ce degré de perfection pour faire faire leur portraiture, était enfin réalisé. En quelques jours le nom de M. Hill brilla d'un plus grand éclat que ceux de Daguerre et de Niepce, et on trouva presque modeste l'expression du journal yankee, qui, dans son juste enthousiasme, faisait du révérend pasteur le plus grand génie de l'humanité.

Vaine fumée charlatanesque que cette auréole; un souffle devait l'emporter, et de toute cette prétendue découverte, qui, pendant six mois occupa les deux mondes, il ne devait rien rester que les deux cent mille francs que ce puff rapporta à son habile inventeur. Les couleurs du révérend M. Hill n'étaient, en effet, qu'un attrape-penny.

Les États-Unis sont, sans aucun doute, le pays de la terre où la photographie a le plus d'adeptes. On y compte dix mille photographes. Seulement, ce n'est pas le génie de l'art, c'est celui de la spéculation qui l'anime, dans un pays où toute idée est estimée au tarif des dollars qu'elle doit rapporter. L'idée de faire le portrait de tous les officiers de l'armée est née dans la cervelle d'un Barnum américain, bien longtemps avant qu'en France on eût songé à faire une spécialité de la photographie militaire. Lors de la guerre du Mexique, un spéculateur avait entrepris la reproduction photographique de tous ceux qui prendraient part à l'expédition. Un peintre français que la fantaisie avait poussé aux États, alors Unis, fut chargé de peindre sur toile et de grandeur naturelle toutes ces images daguerriennes. L'artiste consacra six mois à brosser une immense toile qui, transportée de ville en ville, devait, en se déroulant, montrer à tous les citoyens de l'Union, les traits des officiers qui allaient faire rejaillir une gloire si grande sur la jeune Amérique. Les bénéfices de l'exhibition devaient être partagés entre le Barnum et le peintre. Déjà celui-ci voyait, accumulés devant lui, des monceaux d'or, et rêvait d'acheter la Butte-Montmartre, pour y élever un atelier digne de sa fortune et de sa renommée, lorsque le Barnum et le tableau disparurent. Deux ans de recherches aidées par tous les accrédités des consulats français ne purent jamais faire découvrir leurs traces.

C'est dans cet Eldorado des spéculations et des trous à la lune que végétait le révérend M. Hill, prédicateur d'une des mille églises qui y répandent en toute liberté leurs bénédictions sur les fidèles. Il avait pris sa retraite comme pasteur, et vivait à New-York des revenus trop restreints, gagnés dans sa dévote carrière. Il se fit photographe, et calculant sans doute qu'à son âge la fortune lui arriverait tard, en suivant la voie ardue de l'art et de l'industrie ordinaire, il imagina de faire annoncer par le *Photographic art journal* qu'il avait découvert le moyen d'obtenir par le daguerréotype des images colorées.

Cette annonce mit en émoi tous les photographes des États-Unis ; de nombreuses demandes arrivèrent à M. Hill qui laissa grandir la fièvre publique, et lorsqu'il vit le moment opportun, il lança une circulaire, dans laquelle il promettait de publier prochainement un ouvrage qui divulguerait les secrets de sa découverte. L'auteur ajoutait que ce livre ne serait tiré qu'à un nombre égal à celui des photographes souscripteurs, et qu'il serait envoyé cacheté à tous ceux qui lui feraient parvenir, avec leur adresse, cinq dollars (25 francs). Un certificat signé de plusieurs noms attestait que M. Hill était un respectable ecclésiastique digne de toute confiance.

La circulaire produisit quinze mille dollars. Le volume parut : il avait environ cent pages, et revenait à peu près à vingt-cinq centimes l'exemplaire à l'auteur. Mais, s'il était cher, il ne contenait, en revanche, que quelques banales descriptions des procédés de daguerréotype les plus connus, et ne disait pas un mot de la reproduction des couleurs.

Quelques mois après, M. Hill adressait au même journal ce qu'il appelait une lettre explicative, dans laquelle il disait que, « la phalange « daguerrienne commençant à prendre intérêt à « sa découverte, il rendrait compte des faits qui « y sont relatifs, » après avoir raconté comment, après deux ans de recherches incessantes, il était parvenu « à former inopinément un « *singulier composé* qu'il appliqua à son expé- « rience, et à l'aide duquel il obtint une ma- « gnifique épreuve colorée. Cette peinture est « tout à fait égale à celles que j'ai obtenues de- « puis. »

Un post-scriptum de cette lettre annonçant la publication d'un second ouvrage vendu simplement trois dollars, révélait les véritables intentions de l'auteur, et cette attrape, rédigée en termes si habiles, produisit 35,000 fr. au révérend pasteur en retraite.

Une troisième brochure promit, moyennant 25 francs, de dévoiler *les quatre grands secrets de la photographie*. Elle ne contenait pas plus de révélations que ses aînées, mais la couverture annonçait que « le grand problème était résolu, et que le résultat en serait confié à tous ceux qui voudraient payer un prix modéré. »

Ce fut le *Daguerrian journal* qui, cette fois, se chargea de patronner la découverte, et de vanter à tous, dans son numéro du 1er mai 1851, l'instrument nouveau du nom de *Hillotype* avec lequel l'inventeur obtenait ces magnifiques épreuves que personne n'avait vues.

L'enthousiasme monta alors jusqu'au délire. La demeure du révérend photographe fut assiégée. De partout lui arrivaient des offres splendides : n'ayant rien à apprendre, il dut fermer ses portes, promettant une troisième brochure au prix de trois dollars. Mais l'atrappe-penny avait usé son hameçon, le *Photographic journal*, honteux d'avoir été pris pour dupe, le mit en demeure de fixer le chiffre qu'il désirait pour prix de sa découverte, se faisant fort, au nom des photographes des États-Unis, de le lui fournir par souscription. M. Hill refusa et annonça la publication d'un nouveau livre. Les couleurs de M. Hill avaient fait leur temps, les photographes de New-York et de Philadelphie ne songèrent plus qu'à leurs anciens procédés, heureux de voir s'évanouir en fumée une découverte qui, monopolisée, les eût menacés de ruine. Depuis un an, leur industrie languissait, chacun attendait pour faire faire son portrait que le daguerréotype pût reproduire les couleurs naturelles.

Cette curieuse histoire n'eût pas pu se produire en Europe dans tous ses détails ; cependant, si l'on voulait, on trouverait sans beaucoup de peine quelques prétendues inventions photographiques exploitées avec autant de charlatanisme. Nous l'avons rapportée pour mettre en garde contre l'annonce journalière d'inventions aussi merveilleuses et aussi mensongères. En général, dans tous les arts, qui, comme la photographie, semblent encore avoir immensément à conquérir sur l'inconnu, on ne doit pas repousser comme impossible et du premier abord l'énoncé de toute découverte inattendue, mais il faut grandement se méfier des résultats qu'on promet, sans dire par quels moyens on les obtient.

Les deux savants français qui, seuls, sont parvenus à reproduire, quoique d'une manière encore bien incomplète, les couleurs naturelles à l'aide de l'action de la lumière sur certaines substances, ont montré comment doivent agir de loyaux et sérieux inventeurs ; leur conduite fait un étrange contraste avec celle de l'habile pasteur de New-York.

M. Edmond Becquerel découvrit, le premier, qu'une plaque d'argent immergée dans une dissolution de chlore acquiert la propriété extraordinaire de reproduire les couleurs du spectre. Il décompose pour cela les rayons lumineux à l'aide d'un prisme et le reçoit sur la plaque photogénique : chaque couleur s'y reproduit d'une manière plus ou moins vive ; mais ce n'est là qu'un résultat complétement momentané, qu'un accident dans la transformation que la faible action chimique de la lumière fait subir au chlorure d'argent ; aussitôt qu'on expose à la lumière blanche la plaque ainsi colorée, le spectre s'évanouit ; si on la laisse trop longtemps sous l'influence des rayons décomposés, une teinte uniforme la recouvre bientôt en entier.

M. Niepce de Saint-Victor, entré dans la même voie, devait pousser plus loin la découverte, et faire presque espérer que le difficile problème n'était pas d'une solution complétement impossible. Il a initié le public à ses travaux par cinq mémoires qu'il a adressés à l'Académie des sciences, le premier en date du 2 juin 1851, le dernier au mois de janvier 1863.

L'habile et modeste physicien reconnut d'abord que la coloration du chlorure d'argent en diverses teintes, sous l'influence de la lumière, dépend de la proportion de chlore qui existe dans les bains où l'on plonge la lame d'argent, de telle manière qu'on peut voir apparaître telle ou telle couleur, suivant la quantité de chlore contenue dans le bain. La couleur jaune est la première qu'on obtient avec la plus petite quantité de chlore possible; le vert, le bleu, l'indigo, le violet, le rouge, l'orangé, paraissent ensuite au fur et à mesure qu'on rend la solution plus riche en chlore ; les deux dernières couleurs n'apparaissent que lorsqu'elle est complétement saturée.

M. Niepce de Saint-Victor ne tarda pas à reconnaître que certains chlorures métalliques, particulièrement le chlorure de cuivre et le deutochlorure de fer, donnent plus facilement des images colorées que la simple dissolution de chlore primitivement employée.

Voici comment opérait d'abord M. Niepce.

Il plongeait pendant dix minutes la plaque argentée dans une dissolution de chlorure de cuivre ou de fer saturée à un degré convenable pour donner les couleurs moyennes du spectre, c'est-à-dire le jaune ou le vert. Cette plaque se recouvre, par suite de la réaction du métal, de chlorure d'argent. Il la chauffe légèrement au sortir du bain, à la flamme d'une lampe à esprit-de-vin, et elle est dès lors propre à reproduire les couleurs; si on applique sur cette plaque ainsi préparée une estampe enluminée et rendue transparente, et qu'on expose le tout à l'action directe du soleil, comme on fait pour les clichés ordinaires en photographie, au bout d'un quart d'heure la gravure se trouve reproduite sur le métal avec des teintes qui s'éloignent peu de celles du modèle.

Cette reproduction instantanée de certaines couleurs, en offrant le plus grand intérêt, semblait ouvrir les plus vastes horizons à l'avenir de la photographie; mais cette image colorée si difficilement, saisie au passage, s'évanouissait sous le regard qui l'admirait; à peine si la plaque la conservait assez longtemps pour montrer que ce n'était pas une simple illusion de l'esprit. Le décevant mirage disparaissait ausitôt qu'il était aperçu, et comment le fixer ? Dans la plaque daguerrienne, dans l'épreuve sur papier, il ne reste plus, lorsqu'elles ont subi les opérations du fixage, qu'une couche désormais inaltérable, toute la substance sensibilisatrice qui donnait à l'argent sa propriété photogénique a disparu. Comment accomplir des opérations du même genre sur l'épreuve colorée sans altérer la combinaison chimique si délicate qui donne la couleur ? Certes, la difficulté est grande, cependant M. Niepce de Saint-Victor, est parvenu, en partie, à la surmonter, et il a pu terminer le mémoire qu'il présente à l'Institut, le 10 février 1861, par ces mots : « Si le problème de la fixation des couleurs n'est pas résolu, on peut, au moins, en espérer la solution. »

Une autre difficulté aussi grande se présentait, et si elle n'est pas vaincue, l'héliochromie, tout en donnant au point de vue de la science des résultats précieux, et fournissant à l'industrie des déductions et des applications nouvelles, serait presque inutile aux progrès de l'art photographique. — Le rayon coloré qui émane des différents objets est toujours mêlé d'une certaine quantité de lumière blanche ; or, toutes les fois qu'on essayera de reproduire par le *daguerréotype* la couleur naturelle des objets, cette lumière blanche exercera son action chimique propre sur la substance photogénique en même temps que le rayon coloré ; ces deux effets ne pouvant jamais être calculés à l'avance, se contrarieront et nuiront au résultat.

Ces raisonnements théoriques, tout-puissants sur l'esprit d'un savant, n'arrêtent jamais un chercheur habitué à lutter avec les secrets de la nature, et espérant plus de ses observations et de l'inspiration du moment que des déductions scientifiques. M. Niepce de Saint-Victor découvrant chaque jour des faits nouveaux où se révèle l'action physique et chimique de la lumière, peut d'ailleurs espérer la solution du problème de quelque soudaine observation. Ce sont de ces surprises que le hasard semble ménager à ceux dont l'intelligence sait le dominer.

En poursuivant ses expériences sur différents chlorures, et donnant toujours pour base à ses recherches les principes posées par M. E. Becquerel, l'habile physicien trouva des composés plus sensibles qui lui permirent de reproduire dans le daguerréotype l'image colorée d'une poupée. Le chlorure d'argent préparé avec un sel alcalin, l'hypochlorite de potasse, donne de belles teintes, mais l'image reste sombre, malgré l'action du recuit de la plaque, et diverses causes font dominer certaines couleurs. Avec un bain mi-parti proto et deutochlorure de fer et mi-parti sulfate de cuivre, la plaque d'argent chloruré chauffée jusqu'à la teinte rose, prend en un quart d'heure l'image de la poupée, reproduisant les couleurs avec beaucoup de vivacité; mais il fallait fixer cette image, et cette nécessité a fait découvrir à M. Niepce un vernis dont l'application différencie d'une manière complète ses procédés de ceux de M. Becquerel.

Ce vernis se compose d'une solution saturée de chlorure de plomb fondu, et obtenu directement par le métal, dans lequel on met de la dextrine suffisamment pour en former un vernis d'une certaine consistance. Quand cette préparation a reposé pendant vingt-quatre heures, on décante et on peut s'en servir ensuite pendant plusieurs jours.

Lorsque la plaque, après avoir été immergée

dans le bain de chlorure, a subi l'action du recuit, on ajoute le vernis en l'étendant sur toute sa surface, et séchant à la lampe à alcool; elle est alors prête à recevoir l'image.

Les couleurs se reproduisent sur la plaque ainsi préparée avec une bien plus grande vivacité que si elle n'était pas recouverte de vernis, et le chlorure de plomb ayant la propriété de faire blanchir le chlorure d'argent, l'image ressort sur un fond blanc. Les noirs d'une gravure se reproduisent eux-mêmes avec une grande intensité.

Après l'obtention, on chauffe la plaque sur une lampe à alcool, et on élève doucement la température le plus haut possible, sans carboniser le vernis. Sous l'influence de la chaleur, on voit les couleurs devenir plus intenses, surtout si la lumière a impressionné toute l'épaisseur de la couche de chlorure d'argent. Si cette impression n'eût été que superficielle, la chaleur eût fait tourner les bleus au violet, et les noirs au roux. Mais, chose remarquable! c'est par cette action de la chaleur sur le vernis influencé par la lumière que l'on obtient cette fixité momentanée des couleurs héliochromiques. Il faut dix ou douze heures à la lumière diffuse pour détruire les couleurs ainsi obtenues.

Plusieurs substances, comme le sulfate et le nitrate de cuivre, appliquées avec la dextrine sur le sulfate d'argent, avivent et font dominer certaines couleurs; mais aucune ne les fixe aussi longtemps que les sels de plomb et surtout le chlorure; et toutes font noircir les clairs que ces derniers, nous l'avons vu, blanchissent au contraire.

Par ce procédé, l'obtention des couleurs n'a pas lieu à la même minute : elles viennent les unes après les autres; le vert, par exemple, vient après le jaune, qui a eu le temps de disparaître quand la première de ces couleurs arrive. Le bleu, le rouge, sont facilement obtenus; le jaune ne se produit qu'accidentellement. Dans ses expériences de l'été dernier, M. Niepce de Saint-Victor a surmonté cette difficulté. Il obtient le jaune avec les autres couleurs dans toutes les reproductions, en employant, pour chlorurer les plaques, un bain composé d'hypochlorite de soude.

On compose ce bain en prenant de l'hypochlorite de soude nouvellement obtenu à 6°; on l'étend de moitié d'eau, et on ajoute demi pour 100 de soude à l'alcool ; on porte le bain à la température de 70 à 80°. On le verse dans la capsule plate, et on y plonge la plaque d'argent d'un seul coup, en agitant pendant quelques secondes, ce temps suffit pour qu'elle prenne une teinte presque noire ; on rince à grande eau, et en le séchant à l'alcool, on lui donne le recuit nécessaire.

On recouvre ensuite la plaque d'un vernis à base de chlorure de plomb, composé d'une dissolution aqueuse de dextrine, avec du chlorure de plomb non fondu, pour neutraliser l'action du bain alcalin, qui, sans cela, rendrait sombre ou rosé le fond de l'image. En ajoutant à ce vernis de la teinture de benjoin de Siam, qu'on applique sur la plaque lorsqu'elle est tiède, et après dessiccation en chauffant jusqu'à la volatilisation, on obtient une fixité assez grande pour pouvoir conserver pendant trois ou quatre jours, dans un appartement fortement éclairé par une lumière du mois de juillet, des images obtenues avec les couleurs naturelles.

Avec le mémoire qui contient ces derniers perfectionnements, M. Niepce de Saint-Victor présentait à l'Académie le portrait de M. Auber, obtenu au *daguerréotype* d'après ce procédé et parfaitement réussi.

Tel est l'état actuel de l'héliochromie ; son inventeur, on peut, avec justice, donner ce titre à M. Niepce, l'a parfaitement définie dans son mémoire. « Il ne faut pas se faire illusion, y est-il dit, l'héliochromie ne peut tout reproduire, mais elle peut donner cependant, dès à présent, beaucoup de choses. » L'on peut donc être assuré que le rêve de Tiphaine de la Roche sera réalisé à la lettre dans un temps plus ou moins éloigné.

Un autre fait aussi remarquable qu'inattendu, observé par M. Niepce de Saint-Victor, rendrait en partie compte de toutes les difficultés qu'éprouve la photographie à reproduire les tableaux d'une manière fidèle et exacte, en dehors de la valeur photogénique, différente de chaque couleur simple ; il a constaté que les couleurs binaires ou obtenues par le mélange de plusieurs autres couleurs étaient décomposées par l'héliochromie.

Ainsi, par exemple, si le vert est naturel, comme ceux de l'émeraude, l'arsénite, du carbonate de cuivre ou malachite, du sulfate de nickel, l'héliochromie les reproduira en vert. Si c'est un vert composé de jaune de chrome, et de bleu de Prusse, par exemple, ou d'une matière colorante jaune et d'une matière colorante bleue, comme dans certaines étoffes ces verts ne donneront que le bleu en héliocromie.

Un verre bleu clair et un verre jaune superposés donnent, par transparence, un très-beau vert; en héliochromie, ils ne produisent que du bleu. Il en est de même si le verre bleu est emprisonné entre deux verres jaunes. De même, un verre rouge et un verre jaune superposés, donnant l'orange par transparence, ne produiront que du rouge sur la plaque sensible. Un verre rouge et un verre bleu produisant le violet, ne donneront que le bleu. Le feuillage de la nature produit le bleu grisâtre, et ce bleu variera d'intensité suivant la nuance des feuilles; la teinte grisâtre est probablement produite par la quantité de lumière blanche qui se mêle aux rayons colorés. L'œil de la plume de paon se reproduit fort bien dans la chambre obscure, et la couleur apparaît sur la plaque, tantôt verte, tantôt bleue, suivant le degré d'incidence sous lequel on l'examine.

Nous avons cru devoir rapporter avec quelque détail les procédés inventés par M. Niepce de Saint-Victor, car là est l'avenir de la photographie. Ces découvertes se présentent avec le charme de la modestie et de l'honnêteté qui reposent l'âme, lorsqu'on a en face de soi toutes les hardies et grossières tromperies employées par l'industrialisme de bas étage pour faire croire à des inventions qui n'ont jamais existé. En pleine exposition de Londres, on trouvait des épreuves coloriées données comme le produit, de plein jet, de l'héliochromie, et on ose présenter comme des portraits naturellement colorés par l'action de la lumière et indestructiblement fixés l'opération d'habiles enlumineurs !

En dehors des résultats que nous venons de rapporter, et qui ont été publiés dans les comptes rendus des séances de l'Académie des sciences, rien, nous le répétons, n'a été obtenu pour la reproduction et la fixation des couleurs naturelles dans l'image photographique. D'ingénieuses applications, que nous allons décrire, ont été sans doute faites; mais, quelque nom qu'on ait voulu leur donner, elles sont complétement distinctes de l'héliochromie. L'annonce d'autres résultats rentre dans les couleurs du révérend M. Hill; elle ne peut avoir cours en France.

CHAPITRE VII

Le rêve et la réalité.
Le carmin des plaques. — Coloration des épreuves photographiques.
Émaux et Porcelaines.

On a beaucoup crié contre l'application artificielle des couleurs sur les dessins photographiques, et, en effet, au point de vue de l'art, il y a beaucoup à dire. Pour être supportables, ces sortes de travaux doivent être parfaits et, malheureusement, la plupart, destinés à être livrés à des prix relativement trop modestes, ne peuvent être confiés à des mains assez habiles et assez expérimentées. La critique d'art a cela de commode que, nonchalamment assise dans son fauteuil, elle cherche le beau absolu à travers la fumée bleue de son cigare, et ne s'arrête jamais aux nécessités de la production. Mettre en ligne de compte l'art pur avec le prix de revient, comparer ce qu'on paye un pastel, une miniature au peintre à la mode, à ce que coûte un portrait colorié chez le photographe, fi donc! le cœur immaculé de la critique se révolte, les barbes de sa plume s'horripilent, ce n'est pas elle qui fera descendre l'idéal des régions roses qu'il habite pour l'exposer à souiller ses longs voiles à toutes les réalités de la rue. Pour nous qui, pour marcher, sommes obligés de poser le pied sur le sol, nous devons le dire à notre grand regret, la perfection des épreuves obtenues au *daguerréotype*, puis coloriées, leur valeur artistique est complétement aujourd'hui une question d'argent.

Hélas! cela est triste, sans doute, mais cela est ainsi. Lorsque la fortune publique augmente, lorsque le bien-être grandit, et qu'avec lui le goût se développe, des besoins nouveaux se créent en raison de la possibilité qu'on a de les satisfaire; le prix des choses de luxe, des choses d'art, surtout, ce premier de tous les luxes, dépasse toutes les prévisions, et la voix d'un chanteur se paye dix fois plus que le talent d'un

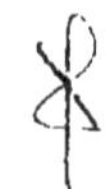

ministre. Nous connaissons tel portrait au daguerréotype enluminé par un miniaturiste célèbre qui, demain, atteindra, sous le marteau du commissaire-priseur, le prix d'un portrait de Mirbel; aux yeux des critiques les plus sévères, c'est une œuvre d'art; seulement, ne va pas qui veut à Corinthe.

Évidemment, en attendant que le daguerréotype, reproduisant les couleurs, donne le tableau au lieu du dessin, peut-être serait-il bon de se contenter des épreuves telles que les fait le soleil, sans chercher à rien ajouter à l'œuvre de cet artiste merveilleux. Mais parce qu'une main habile supplée à l'imperfection actuelle du procédé photographique, en ajoutant la couleur qu'il ne donne pas, ne peut-on produire que des œuvres disparates et barbares? Qu'on ne s'y méprenne pas, beaucoup des portraits, parmi les plus admirés dans nos derniers salons, ne sont que des épreuves photographiques grandies et coloriées par l'artiste. Un peintre de talent a bientôt compris que tout son savoir ne saurait reproduire l'aspect vrai, la physionomie réelle du modèle que la photographie donne d'une manière si frappante. Son génie se fera toujours, presque malgré lui, l'interprète et non le copiste du personnage qu'il peint; il créera une tête d'après celle du modèle, il le poétisera, le grandira, lui donnera la passion, la pensée, le caractère; il fera un chef-d'œuvre, mais il nous montrera simplement l'homme tel qu'il le conçoit, et non pas tel qu'il est : ce sera Bonaparte franchissant les Alpes, impassible sur un cheval fougueux; pour trouver le portrait, il faudra le demander au premier consul d'Ingres un peu sec, mais si exact, si fidèle dans tous les détails, si large et si vrai dans l'ensemble.

On complimentait un artiste sur le succès d'un de ses portraits au dernier salon. « Ce n'est pas à moi que doivent s'adresser ces compliments, répondit-il, toutes les qualités que vous vantez ont été données au tableau par le daguerréotype; je n'ai fait que le copier. » Oui, mais la copie était l'œuvre d'un homme de génie, qui n'avait emprunté à l'épreuve photographique que ce qui devait épargner à son pinceau des tâtonnements inutiles, et aider son esprit à mieux rendre ce qu'il avait conçu. Il aurait pu ajouter que c'était lui-même qui avait fait poser le modèle devant le *daguerréotype*, qu'il avait mesuré la lumière et dirigé les effets qu'il voulait produire, qu'il n'y avait pas un seul pli des vêtements qu'il n'eût touché, arrangé ; le photographe n'était intervenu que pour prendre l'image exacte de l'œuvre qu'il venait de créer dans son imagination, telle qu'il voulait la produire sur sa toile.

Ceci n'est pas un fait isolé ; tous les peintres aujourd'hui ont grand soin de faire poser leurs modèles devant le daguerréotype, avant de le faire poser devant leur chevalet, et cela n'ôte rien à leur mérite, n'entrave en rien leur création, mais ajoute grandement aux qualités de leur œuvre.

Lorsque la plaque daguerrienne donna le portrait, on rêva aussitôt les couleurs, et ne pouvant les obtenir naturellement, on trouva un procédé fort simple de les appliquer. On se formait à l'aide de couleurs sèches en poudre impalpable, une palette de teintes variées ; on les prenait ensuite avec des petits pinceaux, et on les posait délicatement sur les parties de l'image que l'on voulait colorier. Une couche d'eau, très-légèrement sucrée avec du sucre candi versée sur la plaque, puis séchée, suffisait pour fixer les couleurs ; on se bornait le plus souvent à aviver les lèvres et les joues avec quelques légères touches de carmin. On posait les filets et des ornements en or et en argent, à l'aide de pinceaux à la manière des peintres en miniature. L'art, nous l'avouons, n'était pour rien dans ce barbouillage ; le public demandait au daguerréotypeur un portrait en couleur, comme ceux que faisait tel artiste en renom dans son quartier, le daguerréotypeur le servait suivant son désir. On s'est récrié après coup contre une telle manière d'agir qui ne tendait, disait-on, à rien moins qu'à tromper sur la nature de la marchandise vendue, c'est un point de vue de la question que nous n'avons pas à envisager. Il nous suffit de déclarer que, sous le rapport de l'art, ces sortes de produits ne peuvent être comparés aux épreuves coloriées sur papier.

Les artistes qui se vouent aujourd'hui à cette spécialité deviennent généralement d'habiles miniaturistes, le dessin, le ton général, la délicatesse du trait, le fini des détails leur est donné par l'image photographique ; ils suivent ces indications avec une rare fidélité, et ils ne font qu'ajouter au portrait le prestige de la couleur. La valeur de l'œuvre ainsi obtenue dépend entièrement de l'habileté de celui qui tient le pinceau ; on peut lui préférer l'épreuve primitive, mais ce sont deux productions complétement différentes, ayant chacune sa valeur et ses qualités distinctes, et nous ne savons si, pour les portraits de femme, par exemple, qui doivent plaire avant d'être vrais, la seconde n'est pas complétement préférable.

On a poussé la critique à l'extrême, et condamné jusqu'à la moindre retouche, sous prétexte que c'était à la fois une dérogation aux règles de l'art et une atteinte à la perfection du produit. — La première qualité d'une œuvre plastique, a-t-on dit, c'est l'homogénéité. Deux manières différentes, deux procédés d'une nature opposée ne peuvent se marier, se superposer dans une œuvre quelconque sans en détruire l'harmonie. Un premier pas, fait dans une mauvaise route, amenant forcément à parcourir la voie tout entière, la première rectification d'une épreuve oblige à recomposer presque de toutes pièces le dessin primitif. — Ce raisonnement spécieux, au point de vue de la théorie, est faux et serait d'une application impossible dans la pratique. Sans doute, le but ardemment poursuivi par tout photographe, c'est d'obtenir de bonnes épreuves sans retouches, et il y parvient souvent dans les grandeurs ordinaires. Mais pousser ces exigences au delà de certaines limites, vouloir qu'on produise, par exemple, des portraits de grandeur naturelle sans que la main corrige les défauts inhérents au procédé, c'est exiger qu'il fasse toujours laid, inexact quand même, et qu'il respecte le défaut qui dépare le plus son œuvre, et le plus facilement réparable, sous prétexte que, y toucher, c'est détruire l'harmonie de l'ensemble et avoir la prétention de lutter d'habileté avec le soleil.

Les retouches doivent, sans doute, être confiées à une main savante et habile; mais, dans la pratique, elles sont indispensables; bien faites, elles ne nuisent jamais à l'épreuve, qu'elles rectifient. Le seul tort qu'aient les artistes, c'est parfois d'inscrire les mots « sans retouche » au bas d'une épreuve excellente qui en est couverte. Celui qui cherche seulement le charme du dessin s'inquiétera peu des procédés employés; ceux, au contraire, qui ne veulent apprécier que la perfection du produit en lui-même, ne s'y laisseront pas prendre. Je crois résumer l'opinion de tous les photographes en disant que plus un dessin est parfait, sans retouche, mieux il vaut; mais que la plus grande partie des épreuves obtenues exigent de légères rectifications qui, loin de leur nuire, ne font qu'augmenter leur mérite.

On a raconté mille anecdotes, fort spirituellement inventées, à propos des bizarres effets produits par ces travaux superposés lorsqu'ils sont confiés à un pinceau malencontreux, comme cela arrive trop souvent. Celle de M. Courbet, rectifiant un portrait de M. van Schaëndel, est des plus heureuses et des plus connues. Elle pourrait avoir facilement son pendant, et nous nous rappelons certain ennemi fort connu, et surtout très-ardent des colorages, s'extasiant devant un portrait de l'Impératrice comme devant une des plus précieuses aquarelles qu'il lui eût été donné d'admirer; pour lui, c'était une œuvre d'art originale, et toutes les assurances ne purent le convaincre que c'était une photographie simplement coloriée.

On a aussi cherché avec succès à transformer les dessins héliographiques en peintures indélébiles, coloriées et fixées par les procédés de la décoration céramique. Les photographies sur émail, qui se prêtent si facilement à être montées en bijoux, sont depuis quelque temps assez recherchées, et c'est une des branches de la photographie décorative auxquelles est réservé le plus grand développement. Les procédés de l'émaillerie sont généralement peu connus. Bien souvent on nous demande comment on a pu parvenir à convertir une image photographique en miniature sur émail; nous donnerons ici sommairement la manière la plus simple d'opérer.

On peut indifféremment opérer sur des dessins obtenus par les sels d'argent ordinaires ou sur des dessins fournis par les résines. Pour subjectiles, on choisit le plus souvent des plaques métalliques, lorsqu'on destine la miniature à être montée en bijoux, ou des matières céramiques, si on veut appliquer le dessin à la décoration.

Pour les dessins produits au collodion ou à l'albumine par les procédés ordinaires au sel d'argent, on développe l'image à l'azotate d'argent jusqu'à ce que les demi-teintes soient empâtées et disparues, et que les grands noirs soient recouverts d'un épais dépôt, présentant l'aspect d'un bas-relief. On met ensuite l'épreuve au moufle d'émailleur; les matières organiques disparaissent par l'action d'une chaleur convenable. Le feu dépouille l'image et lui rend toute sa finesse. Les poudres d'oxydes métalliques traités par dissolution de sels appropriés aux résultats qu'on veut obtenir, soumis de nouveau au moufle, donnent des colorations très-vives qui se développent sous la couche du fondant qui recouvre le dépôt métallique et fixe l'image, en produisant les mêmes effets que la fusion du dessous produit sur l'émail.

Pour les dessins obtenus par l'action de la lumière sur les résines, lorsque l'exposition à la lumière est terminée, et que le dissolvant a agi, on procède à la substitution des couleurs céramiques à ce vernis qui doit être détruit par le feu. Les oxydes métalliques et leurs fondants, parfaitement broyés et séchés, sont déposés à la surface de l'image, pendant qu'une chaleur douce restitue à l'enduit la propriété agglutinative qu'il avait perdue en séchant. Les poussières d'émail, promenées sur toute l'étendue du dessin, suivent avec une grande délicatesse tous les accidents du dessous, les pénètrent en partie et en traduisent fidèlement les vigueurs et les finesses. La pièce est alors prête pour le feu, les matières organiques sont détruites, et l'image, formée de substances indestructibles, demeure fixée par la vitrification.

Il n'est pas de coloration que ne puisse prendre l'image héliographique; ainsi traitée, elle peut être transformée en or, en argent, aussi bien qu'en pourpre, et incrustée dans la porcelaine, comme les couleurs au grand feu elles-mêmes. Le photographe n'a, on le voit, dans toutes ces opérations, qu'à fournir le dessin; toutes les autres appartiennent à la céramique ou à l'art de l'émailleur. Nous avons cru cependant devoir donner quelques détails sur cette application industrielle, parce que journellement l'artiste photographe est appelé à fournir le portrait qui doit être transformé en bijou émaillé.

On peut regarder comme une espèce de coloration de l'image la teinte uniforme qu'on donne parfois aux épreuves. Il est très-facile d'obtenir, par des procédés aujourd'hui généralement connus, toutes les couleurs et la plupart de leurs nuances, en employant certaines substances, soit dans la préparation du papier photogénique, soit dans les bains où se font les virages. En laissant, par exemple, le papier pendant quinze ou vingt secondes sur une solution d'urane, en le faisant sécher ensuite au feu et à l'obscurité, et qu'au sortir du châssis, on lave l'épreuve pendant quelques secondes dans de l'eau à 50 ou 60 degrés, et qu'on la plonge ensuite dans une dissolution de prussiate rouge de potasse, elle a acquis après quelques secondes une belle couleur rouge, imitant la sanguine.

Si ensuite on plonge cette épreuve rouge, ainsi obtenue dans une solution d'azotate de cobalt, la couleur verte apparaît en la faisant sécher au feu. On la fixe alors en la mettant dans une dissolution de sulfate de fer et d'acide sulfurique, on la passe dans l'eau une fois et on fait sécher au feu.

Si, au sortir du châssis, on développe l'épreuve traitée par l'azotate d'urane, avec une dissolution de chlorure d'or, on obtient une belle couleur violette.

En préparant le papier avec une solution de prussiate de potasse, et développant l'image avec une dissolution de bichlorure de mercure saturé à froid, et en y versant ensuite une solution d'acide oxalique chauffée à cinquante ou soixante degrés, les épreuves prennent une fort belle couleur bleue.

Nous n'avons pas compris dans cette rapide nomenclature des procédés de coloration artificielle, la mise en couleur des portraits sur toile. Le procédé est fort simple, et rentre complétement dans la peinture ordinaire. Le dessin photographique est agrandi au degré qu'on désire et reproduit sur toile; puis le peintre recouvre ce dessin de couleurs, en se guidant d'après une excellente épreuve ordinaire photographique. Ce que nous avons dit de la coloration des épreuves sur papier s'applique à la coloration des dessins héliographiques sur toile; leur valeur artistique dépend entièrement de l'habileté de celui qui manie le pinceau.

Au point de vue de l'art photographique pur, de l'idéal, tous ces procédés artificiels que nous venons de décrire peuvent être repoussés, nous l'avouons, sinon d'une manière absolue, du moins en principe; ils seront abandonnés pour la plupart, si l'héliochromie tient enfin les promesses qu'elle a fait naître, malgré tant de prévisions contraires qui ont assailli ses premières tentatives. Ils auront laissé tous, sur leur passage, des œuvres d'art d'une valeur réelle; ce sont sans doute des expédients ayant de graves défauts, comme en entraînent à leur suite la plupart des expédients. Mais l'art, à ses débuts, est comme les jeunes gens pleins d'intelligence, d'ardeur et d'ambition qui, inconnus, veulent parvenir. S'ils repoussent tous les expédients qui peuvent les mettre en lumière, ils se dessèchent dans une de ces vaines poursuites de l'art pour l'art, comme ces buveurs d'eau dont Murger nous a si bien peint l'orgueilleuse impuissance. Le portrait non plus, exploité tel qu'il l'est, n'est pas le dernier mot, ni l'expression suprême de l'art en photographie, et cependant, qu'on le dise de bonne foi, où seraient les progrès accomplis depuis Niepce et Daguerre, si le portrait n'eût pas fait une industrie de l'art créé par leur génie?

CHAPITRE VIII

Optique photographique.

Les conditions essentielles pour obtenir de belles épreuves photographiques, c'est d'opérer avec un bon instrument et une belle lumière. Il ne faut jamais oublier le mot de Charles, lorsqu'il montrait à son auditoire la silhouette tracée dans le chlorure d'argent : « C'est la lumière qui a fait ce portrait. » Et si, par un jour nébuleux, terne, froid, un photographe prétend opérer comme sous un ciel plein de rayons lumineux dont rien n'altère la pureté ni ne ternit l'éclat, soyez assuré, ou qu'il ignore les premiers principes de son art, ou qu'il n'agit ainsi que pour obéir à des préoccupations industrielles. L'instrument doit donner l'image claire, nette et bien définie de l'objet qu'on veut reproduire; mais, quelle que soit l'excellence de la combinaison optique qu'on emploie, c'est toujours la lumière qui forme l'image; c'est elle qui, exerçant une action à la fois physique et chimique, grave cette image sur le subjectif sensibilisé, et cette action varie suivant sa composition, son intensité, la manière même dont elle frappe l'objet qu'elle éclaire.

L'étude de la lumière devrait donc être la préoccupation la plus constante du photographe et, malheureusement, c'est de tous les agents physiques celui qui est encore le plus inconnu.

Les anciens se faisaient une idée singulière de l'acte de la vision. Suivant Ptolémée et Euclide, les rayons visuels partent de notre œil pour aller toucher et sentir les objets, comme ces antennes qui servent aux insectes à palper les obstacles qui se présentent devant eux. Newton formula l'hypothèse d'émission, qui avait vaguement succédé aux idées d'Euclide; il suppose que les corps lumineux envoient dans toutes les directions des particules d'une substance très-ténue, insaisissable au sens du toucher, impondérable, qui traverse les corps transparents et est arrêtée par les corps opaques. Ces particules, en arrivant à la membrane nerveuse qui tapisse le fond de l'œil, y produisent l'impression lumineuse. Certains phénomènes, mieux observés, étant en opposition avec cette théorie, ou ne pouvant être expliqués par elle, l'hypothèse de l'émission a été abandonnée et remplacée par celle des ondulations.

Dans l'hypothèse des ondulations, dont l'idée première est due à Descartes, et qui a été établie et développée par Huyghens, on assimile la propagation de la lumière à celle du son. Un corps lumineux, de même qu'un corps sonore, est le siége d'un mouvement vibratoire très-rapide qui se transmet jusqu'à l'organe de la vue, à travers un milieu élastique. Ce milieu ne pouvant être l'air atmosphérique, — car nous apercevons les astres à travers les espaces vides de l'univers, — on admet que c'est un fluide particulier ou éther, répandu partout dans le vide, dans l'air et dans les corps transparents; cet agent existe toujours autour de nous, son repos fait les ténèbres, son mouvement produit la clarté ; il est composé de particules parfaitement élastiques, formant des files contiguës et pressées qui remplissent tout l'univers. Tout corps lumineux est donc considéré comme un centre d'ébranlement qui agite ou pousse les molécules voisines, la pression qu'il exerce sur l'une des files aboutissant à l'œil y transmet instantanément l'impression de la lumière.

C'est en prenant pour point de départ cette dernière hypothèse que les travaux des savants modernes ont pu facilement expliquer la plupart des résultats fournis par l'expérience et même en indiquer d'avance quelques autres que l'observation a pleinement confirmés. Les phénomènes lumineux que nous avons à effleurer dans cet opuscule, qui est plutôt, nous l'avons dit, une simple causerie sur tout ce qui tient à l'art photographique qu'une véritable dissertation scientifique, peuvent être exposés et discutés indépendamment de toute théorie. Nous avons cru cependant devoir mentionner ces deux hypothèses, parce que nous serons forcés d'employer quelques expressions empruntés à leur système, en ayant soin qu'abstraction faite de toute théorie, elles aient un sens parfaitement déterminé ; puis, l'opposition qui règne entre ces idées prouve mieux combien la science est encore incertaine sur l'essence même de la lumière ; comme tout ce qui se rapproche trop de l'absolu, c'est un de ces inconnus à la recherche desquels marche toujours le progrès.

Les ondulations produites dans le fluide éthéré par les vibrations d'un corps lumineux peuvent être comparées à celles de l'air qui engendre le son. Une lame de métal, fixée par l'un de ses deux bouts et mise en vibration, excite dans l'air ambiant des ondes, se propageant à distance comme les ondes circulaires se propagent à la surface d'une nappe d'eau dans laquelle on jette une pierre, et le nombre des vibrations exécutées par un corps sonore dans un temps donné, par exemple une seconde, détermine la hauteur du son, la note.

Les sensations de la lumière et de la chaleur ont pour cause les vibrations rapides du milieu éthéré qui sont perçues par nos organes. Les vibrations lumineuses paraissent produire toutes de la chaleur, mais il y a des vibrations calorifiques invisibles (la chaleur obscure) et d'autres espèces de vibrations qui agissent chimiquement sur les plaques daguerriennes, mais qui ne font plus d'impression directe sur les nerfs de notre œil. Cependant toutes les vibrations suivent les mêmes lois, elles ne se distinguent les unes des autres que par les degrés de leur vitesse, et ce sont ces différences de rapidité qui font les couleurs et dont les gammes forment les spectres lumineux calorique et photographique.

Les vibrations de la lumière surpassent en rapidité tout ce que l'imagination peut concevoir. Les sons perceptibles sont compris entre les nombres de 30,000 et 70,000 vibrations par seconde. Les couleurs visibles s'étendent entre 400 et 900 billions de vibrations par seconde. Ainsi, le rouge correspond à 500, le bleu à 650 billions ou millions de millions. Dans la chaleur obscure, on trouve des vibrations qui ne sont que de 65 billions, tandis qu'à l'autre extrémité de l'échelle, il y a des rayons invisibles qui exécutent 1,000 billions de vibrations par seconde, soit :

1,000,000,000,000,000

en un clin d'œil. La vitesse de la propagation de la lumière a lieu en raison de la rapidité de ces vibrations; aussi, d'après les observations astronomiques confirmées par les expériences faites d'après les procédés inventés par MM. Finau et Foucault, la vitesse de propagation de la lumière est d'environ 70,000 lieues par seconde, tandis que celle du son n'est que de 33 mètres dans le même intervalle.

Si, au lieu de la vitesse de ces mouvements, on considère la grandeur absolue de leurs ondes, c'est-à-dire les intervalles entre les points fixes ou les ondulations, dont la coupe verticale peut être représentée, à un moment donné, par une ligne serpentante rappelant la lettre S couchée ∽ ∽, on trouve que cette longueur, qui, dans les sons, varie de quelques milimètres jusqu'à 10 mètres environ, est comprise pour la lumière visible entre 75 et 34 cent-millièmes de millimètre; pour les rayons chimiques, elle peut décroître jusqu'à 30 cent-millièmes de millimètre, et pour la chaleur, elle monte jusqu'à 5 millièmes. Or, l'épaisseur d'un cheveu fin étant d'un dixième de millimètre, sa largeur cacherait 300 ondes lumineuses. Eh bien! un opticien allemand, Nobert, est parvenu à tracer sur les lames de verre des divisions tellement fines, que l'espacement des traits n'est pas plus grand que celui des ondes lumineuses, et lorsque l'image de ces lames, retenue par la plaque daguerrienne, est soumise au grossissement d'un microscope assez puissant, ces réseaux de division dont un cheveu cacherait trois cents, sont rendus en lignes distinctes.

L'œil de l'homme est un instrument optique relativement borné et d'une puissance variable chez les différents individus ; comme l'oreille, il perçoit surtout les vibrations moyennes. La sensibilité du nerf optique ne saurait être comparée à celle des substances qui subissent l'action chimique des rayons lumineux ; ce sont elles qui fournissent le moyen le plus délicat pour accuser les dernières traces de la lumière. C'est ainsi que, pendant l'éclipse totale de soleil du 18 juillet 1860, M. Warren de Larue a obtenu l'épreuve photographique de protubérances qui n'avaient pas été visibles dans les lunettes.

Sublime puissance de l'intelligence humaine! Se basant sur un fait que la grossièreté relative de ses sens lui permet à peine d'observer, l'homme s'élève par la raison, et de déduction en déduction, jusqu'à la conception des lois de la nature ; et lorsqu'une conquête nouvelle sur la matière, une combinaison trouvée par son esprit, lui permet de soumettre ses prévisions à la vérification de l'expérience, l'observation confirme la justesse de ses calculs. Mais combien est lente cette marche du progrès!

L'arc-en-ciel, symbole de paix et d'espérance, apparut aux premiers hommes lorsque le soleil, dispersant les nuages qui surplombaient dans l'atmosphère, annonça la fin de ces cataclysmes qui bouleversaient si souvent, dans les premiers âges, la surface du globe. Depuis, ses rayons diaprés ont toujours marqué la fin de l'orage et annoncé à la terre désolée le retour de la vie. La Bible en fit la marque de l'alliance entre Dieu, maître et pacificateur des éléments déchaînés, et l'homme, frêle créature destinée à vivre sur cette planète frémissante encore des bouleversements de mille déluges; la poésie grecque y vit l'écharpe d'Iris la blonde, déesse des heureux messages; Descartes et Newton donnèrent seuls l'explication vraie du phénomène. Le premier explique dans son *Traité des Météores*, en 1530, la formation de l'arc-en-ciel par la réfraction des rayons solaires dans les gouttelettes de la pluie, et Newton reconnut, en 1666, que les couleurs qui naissaient du rayon lumineux traversant un prisme étaient produites par le même phénomène de réfraction qui donnait naissance à l'arc-en-ciel. Il créa ainsi la science des couleurs, en expliquant leur origine, leur formation par la dispersion de la lumière : fait immense, simple, invariable, qui embrasse tous les phénomènes de coloration que la science moderne a pu rattacher aux lois primitives des mouvements ondulatoires des particules auxquelles il faut attribuer les effets lumineux en général.

Lorsque les rayons lumineux passent d'un milieu transparent dans un autre, ils se brisent; une partie est réfléchie suivant un angle qui égale l'angle d'incidence, et l'autre, abandonnant la ligne droite suivant laquelle ils se propagent, subit une déviation plus ou moins grande suivant la nature et la forme du nouveau milieu qu'ils traversent : c'est la réfraction. Si les rayons lumineux se présentent à un prisme, ils éprouvent un brisement qui change leur route et, à leur sortie, une seconde déviation qui s'ajoute à la première; et si on reçoit ces rayons, ainsi dispersés ou dilatés, sur un écran perpendiculaire à leur direction moyenne, on obtient non pas une image blanche et circulaire du soleil, mais une image oblongue et colorée dont les couleurs se succèdent dans l'ordre suivant :

Rouge, orange, jaune, vert, bleu, indigo, violet.

Chacune de ces couleurs est simple, c'est-à-dire que, quelle que soit l'action à laquelle on la soumette, il est impossible de la transformer en d'autres couleurs ou de découvrir en elle une autre couleur que celle qui a primitivement apparu dans le spectre. Ces sept couleurs sont inégalement réfrangibles : le violet subit la plus grande déviation, le rouge la moindre.

Chaque couleur simple occupe, dans le spectre, une certaine longueur et présente, dans cet espace, une infinité de nuances différentes. Or, ce que nous venons de dire des rayons différemment colorés s'applique aux rayons qui correspondent à des nuances différentes d'une même couleur.

Ainsi, les rayons jaunes, voisins de l'orange, sont moins réfrangibles que les rayons jaunes voisins du vert; dans le vert, dans le bleu, le degré de réfrangibilité varie graduellement aussi de la limite d'une couleur à l'autre, ainsi de suite.

D'après cette loi de réfrangibilité, dont l'importance est extrême, on conçoit facilement comment se forme le spectre solaire. Si le soleil n'envoyait que des rayons d'une seule couleur, rouge par exemple, tous de même nuance et de même réfrangibilité par conséquent, ces rayons donneraient sur l'écran une seule image rouge, et si on les recevait sur un prisme, ils seraient également déviés et leur trace, sur le plan de l'écran, serait une ellipse rouge. Chaque rayon de couleur différente qu'enverra le soleil viendra poser en traversant le prisme son image elliptique sur l'écran en subissant une déviation proportionnelle à son degré de réfrangibilité, et si c'est de la lumière blanche, il se formera ainsi une infinité d'images elliptiques, entre celles qui correspondent aux rayons rouges extrêmes et aux rayons violets extrêmes : ces ellipses empiètent les unes sur les autres et se recouvrent en partie, et comme elles sont toutes comprises entre les mêmes parallèles, il résulte de leur superposition une image oblongue, ne présentant aucune dentelure perceptible sur les bords, terminée par des demi-ellipses et dans lesquelles les couleurs se fondent graduellement les unes dans les autres.

Pour recomposer la lumière blanche ainsi divisée en ses différents rayons, il suffira de faire passer le rayon décomposé par un second prisme dont les faces sont parallèles au premier, mais dirigées en sens contraire.

Les diverses substances diaphanes possèdent un pouvoir réfringent très-différent ; l'inégalité des réfractions qu'elles font subir aux rayons extrêmes du spectre varie d'une matière à l'autre suivant une loi inconnue, et qui peut aller jusqu'à intervertir l'ordre complet. Si on emploie un prisme de vapeur d'iode par exemple, le rouge prend la place du violet et le violet celle du rouge. Deux prismes, l'un de verre et l'autre de cristal, produisent des spectres d'étendue très-différente. Cette variété capricieuse de la dispersion est précisément ce qui permet d'avoir des lentilles achromatiques qui font voir les objets sans bords irisés, et de combiner des objectifs achromatiques donnant des images dont les contours sont nettement terminés.

A l'extrémité rouge du spectre viennent se ranger les rayons dont les vibrations sont les plus lentes, comme aux plus bas tons de la gamme les sons produits par les oscillations les moins nombreuses. A l'extrémité opposée, du côté du violet, les rayons dont les vibrations sont les plus rapides et les longueurs d'ondes les plus courtes; et si on veut assimiler les couleurs aux notes musicales, on peut dire que le spectre coloré embrasse environ une octave, et le spectre total, en prenant pour ses limites l'étendue sur laquelle on constate une action quelconque des rayons dispersés, comprendrait près de quatre octaves.

En promenant le thermomètre le long du spectre solaire, sir John Herschell a reconnu que l'espace le plus chaud est situé dans la région obscure au delà du rouge, si l'on fait usage d'un prisme en flint (verre à base de potasse et de plomb). Avec des prismes d'autres substances, le maximum de la chaleur se déplace, depuis le rouge jusqu'au jaune, mais on reconnaît toujours un spectre calorifique dont les divisions correspondent à celles du spectre lumineux, quoique un peu plus étendues. Les vibrations les plus lentes ont lieu au delà du rouge extrême; c'est là le contingent de la chaleur obscure dont les mouvements ne produisent pas d'effet sur l'œil humain.

Les vibrations moyennes sont les plus efficaces à l'excitation du nerf optique. Leur plus grande intensité dans le spectre solaire a lieu dans le jaune; elle décroît rapidement vers le rouge et vers le violet.

Les vibrations enfin qui sont les plus courtes et les plus précipitées déterminent dans les corps, soit les décompositions chimiques qui produisent les images héliographiques, soit des vibrations lumineuses d'une nature particulière qu'on désigne sous les noms de phosphorescence et de fluorescence. Ces derniers, spécialement étudiés par M. Becquerel, ont été soigneusement distingués, par M. Niepce de Saint-Victor, dans ses mémoires à l'Institut, de tous les phénomènes photographiques qu'il a étudiés.

Des faits connus jusqu'à ce jour, on a conclu que l'activité des rayons lumineux doit être une puissance mécanique tenant à leur mouvement vibratoire. Ce mouvement renferme ou produit une somme donnée de travail ou de force vive qui se transmet aux molécules éthérées, et par elles aux parcelles de la matière pondérable. Dans ce dernier cas, on dit qu'elle est absorbée. Les effets de la radiation calorifique sont, jusqu'ici, les plus connus, quant à leurs effets, mais la science est encore impuissante à donner une idée bien claire et bien précise des causes et des lois qui amènent et lient entre eux les différents phénomènes auxquels elle donne lieu.

On ignore aussi la nature de l'action que les radiations lumineuses exercent sur le nerf optique.

La rétine absorbe-t-elle, comme la plaque daguerrienne, les rayons qui la frappent? Cette absorption, entièrement instantanée et ne laissant d'autre trace matérielle que le souvenir de l'impression perçue par le cerveau, serait dans ce cas la vision. Les expériences de M. Frantz ont prouvé qu'une partie de la chaleur obscure qui accompagne les rayons lumineux arrive jusqu'à la rétine, et que si elle reste invisible, cela provient uniquement de l'insensibilité relative du nerf optique.

Vers la région violette du spectre et au delà, les rayons chimiques jouent le même rôle que les rayons ultra-rouges de l'autre côté. Si l'on fait usage d'un prisme de quartz et qu'on projette le spectre sur une feuille de papier blanc, on discerne à l'œil nu une teinte lumineuse bleu-lavande se projetant au delà du violet. Cette lumière cendrée, qu'on ne peut voir directement, est un effet de fluorescence. Cette lueur est une phosphorescence fugitive, immédiate et très-active qui coïncide presque avec le spectre chimique; elle est fort répandue dans la nature et on la remarque dans les plantes et dans tous les corps les plus impressionnables à l'insolation. On attribue aujourd'hui à cette action les lueurs qu'émettent souvent dans l'obscurité certaines plantes, surtout celles à fleurs jaunes et les teintes rouges qui se répandent sur le paysage au moment où le soleil est obscurci. C'est sans doute aussi cette action des rayons chimiques qui rend si difficile la reproduction des feuilles par le daguerréotype et fait obtenir la teinte rouge à M. Niepce de Saint-Victor, lorsqu'il veut reproduire le vert de certaines feuilles d'une nuance tendre, inconvénient qu'il ne trouve pas lorsqu'il s'agit des feuilles d'un vert foncé, presque bleu, comme dans le dahlia. Si, en effet, on regarde les feuilles vertes, jaunes, orangées, etc., à travers l'érythroscope de M. Simmler, composé d'un système de verres qui, ne laissant passer que les rayons rouges, bleus ou verts, on les voit toutes rouges, tandis que les couleurs vertes minérales et le bleu du ciel conservent leurs nuances.

L'action chimique des rayons solaires dépend,

comme on l'observe tous les jours dans la pratique de la photographie, des substances qui les subissent et de la durée de l'exposition : la plus grande action a lieu dans le bleu et le violet, aussi ces couleurs sont toujours les moins ternes en photographie. Cette action n'est pas fugitive comme celle des vibrations moyennes sur l'œil, elle est permanente, et c'est pour cela qu'on peut fixer l'image dans le subjectif sensibilisé qui l'a reçue, et qu'il a été possible à MM. Becquerel et Niepce de reproduire le spectre solaire avec toutes ses apparences sur une plaque sensible, et de le fixer même jusqu'à un certain point. Seulement une teinte violacée, qu'explique parfaitement l'action éminemment chimique de ce rayon, s'étend d'une manière assez désagréable sur toutes les couleurs ainsi obtenues.

De là vient encore cette propriété, démontrée par M. Niepce de Saint-Victor, qu'ont les corps poreux de recevoir de l'insolation une activité persistante qu'ils peuvent conserver des mois entiers; de telle sorte qu'une gravure exposée au soleil, puis gardée plusieurs jours dans l'obscurité, puis enfin appliquée sur une feuille de papier sensibilisée, l'impressionnera assez pour y laisser la trace de l'objet qu'elle représente. Si elle perd cette propriété, il suffira d'une nouvelle insolation momentanée pour la lui rendre.

Les rayons du soleil, la lumière électrique et le rayonnement des corps chauffés au blanc donnent seuls des images photographiques. Or, il est curieux de rapporter, d'après les observations de M. Draper sur les spectres des métaux incandescents, que les premiers rayons visibles, rouge sombre, apparaissent à 525°; le spectre s'étend ensuite successivement aux autres couleurs; il arrive au bleu, puis jusqu'au violet à 1165°. Le spectre embrassant alors la totalité des rayons visibles, le corps est chauffé à blanc et rayonne de la lumière, composée comme celle des rayons solaires. Quant à la lumière électrique, c'est le rayonnement d'un corps mis en incandescence par le rapprochement des deux piles du courant.

Qu'on nous pardonne ces détails, qui tiennent aux sciences théoriques; ils se rattachent d'une manière directe à l'art photographique. La coexistence dans le même rayon lumineux de spectres thermique, optique et chimique dont les effets doivent se combiner pour produire l'image photographique, fait seule comprendre la plupart des difficultés d'exécution qui entravent notre pratique et qui trop souvent sont pour nous inexpliquées. L'artiste, s'il possédait cette connaissance profonde, ne serait plus surpris par ces effets quinteux que rien ne lui fait prévoir, dont il cherche vainement la cause et qui ne proviennent que d'un changement encore inaperçu dans la lumière atmosphérique; il étudierait la composition des rayons lumineux dans toutes les saisons, à toutes les heures de la journée, d'après les différentes modifications météorologiques, et le jour où la science lui aurait livré un appareil capable d'apprécier la composition de la lumière à ce triple point de vue, il aurait un guide sûr dans ses opérations.

L'artiste photographe ne saurait apporter trop de soins au choix d'un bon instrument; c'est de lui que dépendront en grande partie les succès qu'il obtiendra dans l'art auquel il se voue. Quel que soit le talent de l'opérateur, quelque connaissance qu'il ait de l'objectif qu'il manœuvre, quelque habileté qu'il déploie pour pallier ses défauts, avec un instrument médiocre il n'obtiendra jamais que de mauvaises épreuves. Cependant il ne faudrait pas juger d'une manière absolue des qualités d'un instrument sur la simple vue de ses produits : un opérateur habile parviendra à faire des épreuves assez remarquables avec un appareil qui ne donnerait que des images imparfaites entre les mains d'une personne moins expérimentée. L'habitude de son appareil, la connaissance des ressources qu'il offre, des légers défauts qu'il peut avoir, est pour beaucoup dans la réussite de l'opération. Après l'avoir choisi, sans s'arrêter au prix, car ici l'économie ne résulte pas du plus ou moins d'argent qu'on consacre à son acquisition, mais de sa perfection, de la manière dont il fonctionne et de sa durée, il faut en faire une étude approfondie comme un soldat étudie son arme pour être certain qu'elle ne faillira jamais dans ses mains.

Le daguerréotype n'est pas autre chose que l'ancienne chambre obscure perfectionnée ayant acquis une puissance, une fidélité plus grande que l'œil humain lui-même. L'homme, dans ses inventions les plus ingénieuses, ne crée jamais; il imite la nature, et ses combinaisons sont d'autant plus parfaites que cette imitation est plus heureuse. Si, élément par élément, on compare l'instrument optique à l'organe de la vision, on trouve la construction de l'un complétement semblable à la conformation de l'autre, et on voit l'image se former dans les deux exactement de la même manière.

Quand la chambre noire sortit des mains de son inventeur, ce ne fut, à vrai dire, qu'un objet de curiosité. On pratiquait une petite ouverture dans un des volets de la chambre complétement close, un faisceau de rayons lumineux la traversaient, portant avec eux sur la paroi opposée l'image renversée des objets extérieurs. C'était un phénomène alors sans importance pratique et dont on trouve l'explication dans la marche rectiligne des rayons lumineux d'un point à un autre. La lumière se propageant en ligne droite dans un milieu homogène, si l'on place un objet lumineux devant l'ouverture circulaire de la chambre obscure, il partira de toutes ses parties des rayons qui, pénétrant dans la chambre en passant par la petite ouverture, formeront un faisceau conique très-délié dont le point de départ est le sommet et dont les arêtes s'appuient sur les bords de l'ouverture. Ce faisceau, coupé par un écran dans l'intérieur de la boîte suivant une ellipse dont la surface est d'autant plus petite que les dimensions de l'ouverture sont moindres et que l'écran est plus rapproché du volet : le centre de cette ellipse est au point opposé suivant la ligne droite passant par l'ouverture, à celui d'où a jailli le faisceau lumineux. Si donc toutes ces ellipses sont assez petites pour que chacune d'elles puisse être assimilée à un simple point, on obtient sur l'écran une image distincte de l'objet, et si cet objet est une figure plane située dans un plan parallèle à celui de l'écran, l'image est une figure semblable, mais renversée, les lignes partant de tous les points de l'objet se croisant au centre de l'ouverture pour arriver sur l'écran. Si l'ouverture avait un diamètre un peu considérable, chaque point de l'objet donnerait sur l'écran, non plus une très-petite surface éclairée, comparable à un point, mais une ellipse de dimensions sensibles qui, empiétant les unes sur les autres, n'auraient qu'un éclairement confus, et il ne se formerait plus d'image. Si l'objet conserve une position fixe et qu'on fasse varier la position de l'écran, les dimensions linéaires de l'image varient proportionnellement à la distance de l'écran à l'ouverture.

De même, plus l'objet sera rapproché de l'ouverture, plus les rayons qu'il projettera seront obliques, et l'image grandira proportionnellement sur l'écran; si l'objet est éloigné, l'angle est plus petit ainsi que l'image.

Mais en diminuant le diamètre de l'ouverture on diminue en même temps la quantité de lumière qui concourt à la production de l'image; celle-ci devient dont d'autant moins vive qu'elle est plus nette. Les propriétés des lentilles convergentes ont permis d'éloigner cette difficulté. Porta plaça une lentille biconvexe dans l'ouverture; or, tout le monde sait aujourd'hui que les rayons lumineux, en traversant une de ces lentilles, subissent, en raison de leur réfrangibilité, une déviation; s'ils ne tombent pas exactement sur son axe, ils viennent s'entre-croiser derrière la lentille en un certain point de l'axe qu'on nomme foyer, où il se forme une image de l'objet qui les projette.

Lorsqu'on place devant une lentille convergente, à une distance plus grande que la distance focale principale, un objet lumineux, on reçoit sur un écran placé de l'autre côté de la lentille, à une distance convenable, une image réelle et très-nette de cet objet. Chaque point de l'objet lumineux et son image est un point correspondant de l'écran, ce qui prouve évidemment que tous les rayons partis d'un même point de l'objet lumineux ont été amenés par elle à passer en un même point de l'écran. Si maintenant on met l'objet lumineux à la place de l'écran et réciproquement, l'image se reformera sur l'écran. Ces deux points sont donc réciproques l'un de l'autre : on les nomme *foyers conjugués*.

Si l'objet lumineux est situé sur l'axe principal à une distance extrêmement grande de la lentille, tous ses rayons incidents peuvent être considérés comme parallèles à cet axe et viennent, après avoir traversé la lentille, se croiser au foyer principal, et l'image est un simple point lumineux.

En négligeant l'épaisseur de la lentille et son indice de réfraction, le foyer principal est situé à une distance de la lentille biconvexe égale au rayon.

A mesure que l'objet lumineux s'approche de la lentille, son image s'en éloigne et grandit. Lorsque l'objet arrive à une distance de la lentille double de la distance focale, c'est-à-dire à la longueur de deux rayons, l'image renversée est égale en grandeur à l'objet et placée à une égale distance de l'autre côté de la lentille. Si l'objet se rapproche toujours, l'image s'éloigne et devient plus grande que nature ; lorsqu'il arrive au foyer principal, il ne se forme plus d'image. On dit en mathématiques qu'elle est infiniment grande et infiniment éloignée, par conséquent invisible.

Par des calculs faciles, on peut donc déterminer à l'avance la place respective des foyers conjugués, et par conséquent la grandeur de l'image d'après la grandeur et l'éloignement de l'objet qu'on voudra reproduire. De plus, cette image sera d'autant plus vive que la lentille ou objectif aura de plus grandes dimensions et qu'elle se produira à une distance qui se rapprochera davantage de la distance focale.

C'est sur cette théorie que fut construite l'ancienne chambre obscure. On l'utilisait généralement avant la découverte du daguerréotype pour dessiner les contours d'un paysage. On rejetait alors l'image à l'aide d'un miroir plan, incliné à 45 degrés, sur la paroi supérieure de la caisse, formée, en partie par une plaque de verre qui la recevait ; il était alors facile de la décalquer sur une feuille de papier transparent. On écartait avec soin de cette portion de l'instrument la lumière extérieure en la protégeant avec un écran incliné, et le dessinateur couvrait sa tête et la partie supérieure de la caisse d'une toile noire, comme fait aujourd'hui le photographe qui étudie l'image sur la glace dépolie.

Mais avec une lentille telle que nous venons de la décrire en verre simple; on ne pourrait pas obtenir d'image satisfaisante ; les aberrations sphériques et chromatiques les rendent impropres à produire les effets qu'on exige en photographie. Les rayons infiniment voisins de l'axe de la lentille sont les seuls qu'on puisse regarder comme passant rigoureusement au foyer principal, les autres coupent l'axe en des points d'autant plus rapprochés de la lentille que ces rayons eux-mêmes sont plus éloignés de l'axe principal. Ces intercessions successives des rayons refractés détermineront une zone lumineuse autour du foyer principal.

Il se formera plusieurs foyers, et l'image ne se trouvant pas dans le même plan, ne sera distincte qu'en certains points. C'est ce qu'on appelle *aberration de sphéricité*, et cette aberration est directement proportionnelle à l'amplitude de la lentille. Elle est plus grande lorsque les surfaces de la lentille ont une égale courbure que lorsqu'une surface est plane ou elliptique, et devient moins sensible dans les lentilles périscopiques.

Les rayons du spectre qui composent la lumière blanche étant inégalement réfrangibles, lorsqu'un faisceau lumineux traverse la lentille, les différentes couleurs qui le composent sont inégalement déviées; elles ne concourront pas au même foyer pour former une lumière blanche. L'image est alors pure, nette, et ses bords sont irisés. C'est ce qu'on appelle *aberration chromatique*, et cette aberration est d'autant plus funeste pour les opérations photographiques qu'elle forme naturellement des foyers chimiques différents des foyers optiques.

Pour diminuer les effets de l'aberration de sphéricité, on choisit la combinaison des courbures la plus convenable, et pour annuler le plus complétement possible la dispersion de rayons qu'on ne peut empêcher par la forme de l'objectif, on dispose au-devant des lentilles des diaphragmes annulaires qui arrêtent les rayons trop éloignés de l'axe. Le diaphragme est, entre les mains du photographe qui sait en régler l'emploi, un des organes les plus précieux du daguerréotype; c'est la pupille qui, par sa dilatation ou sa contraction, mesure exactement la quantité de lumière qui doit traverser le cristallin et frapper la rétine; il intercepte tous les rayons inutiles qui brouilleraient la netteté de l'image. Les plus petits donnent plus de netteté, les plus larges plus de rapidité; la place qu'ils occupent modifie encore leurs effets ; leur manœuvre mérite une étude attentive.

Si on prend deux lentilles, l'une convergente de crown et l'autre divergente de flint, qu'on leur donne des courbures convenablement calculées, et qu'on les assemble, on peut obtenir un système fonctionnant comme une lentille convergente unique, mais dans laquelle deux couleurs du spectre, le rouge et le violet, par exemple, formeront toujours leurs foyers aux mêmes points. Une telle lentille donnera des images beaucoup plus nettes qu'une lentille ordinaire, mais elles présenteront encore de légères irisations, parce que les couleurs intermédiaires entre le rouge et le violet n'auront pas rigoureusement le même foyer que ces derniers; avec trois lentilles rassemblées on pourra achromatiser trois couleurs et diminuer d'autant les effets de réfrangibilité. On comprend que plus l'aberration chromatique disparaît, plus la différence entre le foyer optique ou visuel et le foyer chimique ou photogénique diminue.

Le fait de cette différence des foyers optiques et chimiques est de la plus grande importance pour la photographie. L'Académie des sciences avait affecté le prix Bordin à cette question : « Déterminer par l'expérience les causes capables d'influer sur les différences de position du foyer optique et du foyer photogénique. » Deux concurrents tout à fait inconnus, M. Félix Teynard, de Saint-Martin, près Grenoble, et M. Carl Miersch, de Dresde, ont envoyé deux mémoires, couronnés à la séance solennelle du mois de décembre dernier. Après avoir établi le fait fondamental par des expériences spéciales, recherché la cause en analysant les circonstances complexes qui résultent de l'achromatisme des lentilles et s'être livré à de longs calculs théoriques, M. Teynard arrive aux solutions pratiques et dresse des tables numériques très-étendues destinées à donner, dans toutes les circonstances qui peuvent se présenter dans la pratique, la valeur de la correction chimique, ou du petit déplacement qu'il convient de faire subir à la plaque en deçà, ou le plus souvent au delà du foyer optique, pour obtenir la plus grande netteté possible dans le dessin.

M. Miersch s'est placé surtout au point de vue des objectifs allemands, et tire de ses calculs des déductions pratiques très-intéressantes, en indiquant certaines relations qui existent entre la distance qui sépare le foyer optique du foyer photogénique pour divers objectifs et la teinte des franges colorées qui bordent les images lorsque l'œil les observe au foyer optique.

Ces recherches scientifiques ont sans doute une valeur réelle, mais c'est surtout aux opticiens constructeurs d'appareils qu'elles sont profitables; l'artiste qui opère a bientôt reconnu, par des points de repère, là où se trouve le foyer photogénique vrai de son instrument; et son habileté, éclairée par l'expérience, le guidera plus sûrement en pareil cas que les tables les mieux dressées.

En 1812, Wallastone avait substitué au verre biconvexe de la chambre noire une lentille périscopique achromatique, et il plaça un diaphragme en avant de la surface concave. Daguerre fit de cette lentille l'objectif de son instrument, en réglant les distances focales de la manière qui lui parut la meilleure. Cet objectif arrivait à produire des images satisfaisantes sous certains rapports, néanmoins il ne pouvait suffire à toutes les exigences de la photographie, et surtout des photographes; peu puissant en lui-même, malgré ses vastes dimensions, la mauvaise disposition de la chambre noire faisait ressortir ses défauts nombreux ; il fallait au moins un quart d'heure pour la reproduction d'un objet inanimé et parfaitement éclairé sur la plaque photogénique : le portrait, nous l'avons dit, était impossible.

Deux opticiens, l'ingénieur Charles Chevalier, en France, et M. Woigtlander, à Vienne, allaient apporter presque simultanément les plus grands perfectionnements aux objectifs. Dès 1840, Charles Chevalier présentait à la Société d'encouragement un objectif achromatique à deux lentilles combinées, qui diminuait l'aberration sphérique, tout en raccourcissant le foyer, appelait sur un point une plus grande quantité de lumière, agrandissait le champ de la vue, et variait à volonté les distances focales. On peut dès lors faire le portrait; en trois minutes, la plaque recevait l'image.

L'année suivante, M. Woigtlander commença ses perfectionnements, auxquels l'Académie des sciences a rendu justice dans sa séance du 1er mars 1858, et qui ont mérité à l'habile opticien un éclatant témoignage de la part du jury international de l'Exposition de Londres. « Il est résulté, dit le rapport, de l'examen des verres des trois pays (les objectifs français, anglais et allemands), que les objectifs de la maison Woigtlander et fils, de Vienne, sont ceux qui ont peut-être le plus de champ et qui donnent la netteté désirable sur le plus grand espace, soit en étendue, soit en profondeur; ils possèdent aussi une plus grande rapidité que les objectifs français et anglais. Les habiles fabricants sont parvenus à remédier à un défaut de leurs objectifs doubles qui faisait que l'image en était assez délicate : ils ont rendu insensible la différence entre le foyer visuel et le foyer chimique. » Cet éloge, que nous n'avons pas voulu taire, parce que nous le croyons mérité, n'implique pas l'infériorité des autres contructeurs; loin de là. Les objectifs français, dans leur matière première comme dans leurs courbures, rivalisent avec les meilleurs objectifs fabriqués à Londres et à Vienne, et ils ont supprimé aussi presque complétement le foyer chimique. Ajoutons avec le jury, ce qui est toujours une considération en industrie, que les appareils français sont bien meilleur marché, et que les objectifs anglais, les moins parfaits de tous, sont encore les plus chers.

Nous ne pouvons suivre, on le comprend, pas à pas, toutes les améliorations progressives qui ont amené le daguerréotype comme instrument optique à la perfection que nous venons de signaler. Ce qui précède suffit pour en faire comprendre les différents effets et même pour guider théoriquement les photographes dans leur manœuvre.

Daguerre avait inventé la cloison mobile en verre dépoli, sur laquelle il étudiait l'image donnée par l'objectif, rapprochant ou éloignant cette glace, en faisant glisser la partie rendue mobile de la chambre jusqu'à ce que l'image fût nette et précise. Il fixait alors le tiroir mobile sur ce point, fermait, à l'aide d'un couvercle, le porte-objectif, et remplaçait la glace par la plaque enfermée dans un châssis, fermant hermétiquement la chambre obscure. Un écran placé devant la surface de la plaque sensibilisée soulevait le couvercle du porte-objectif ôté, les rayons lumineux venaient librement agir sur le composé chimique et y imprimer l'image. Le temps nécessaire écoulé pour la production de l'image, il fermait l'objectif, abaissait l'écran et enlevait la plaque pour procéder à la fixation de l'image. Depuis, l'instrument a été perfectionné, les procédés ont changé, mais la manière d'opérer est restée celle qu'avait trouvée le génie de l'inventeur.

Quant à juger des qualités et des défauts d'un daguerréotype par le simple examen de l'objectif, c'est impossible. On verra bien jusqu'à un certain point les stries et les bulles trop nombreuses en étudiant, sur la glace dépolie, l'image d'objets éloignés et d'autres situés près de l'appareil, en braquant l'objectif sur un objet qui présente des lignes droites, on n'obtiendra pas des preuves assez décisives pour asseoir une opinion. Si les lignes conservent leur rectitude, si leurs extrémités sont aussi nettes que leurs parties moyennes, l'objectif est exempt d'aberration sphérique, la pureté des contours, la netteté des détails, l'absence des franges colorées indiqueront l'achromatisme des verres; s'il se joint à ces qualités importantes la clarté, la lumière répandue sur le tableau, il y a toute probabilité que l'objectif donnera de bonnes épreuves; mais ce ne sera qu'après de nombreux essais, faits dans des circonstances diverses, qu'on aura acquis une certitude absolue. Le savoir du photographe, le sentiment de l'artiste composent et apprécient l'image, mais c'est l'instrument qui la donne; rien ne peut compenser ses imperfections.

On a combiné la construction des daguerréotypes d'après leur destination spéciale. Aux objectifs pour portraits on a donné de courts foyers afin d'augmenter l'intensité de la lumière et la rapidité de l'opération; aux objectifs pour paysages, où les différentes parties des points de vue sont placés sur plusieurs plans, on se sert de préférence des objectifs à longs foyers, en variant leurs effets suivant les besoins et en mesurant la lumière à l'aide de diaphragmes. Quant aux dimensions à donner aux objectifs, c'est une difficulté aujourd'hui tournée : on ne cherche plus qu'à produire d'excellents instruments d'une amplitude ordinaire, et si l'on veut agrandir l'image jusqu'à l'exagération, on le fait par l'ingénieuse combinaison d'autres moyens optiques.

Dans ces derniers temps on a voulu donner les appareils optiques pour l'agrandissement des images comme une invention nouvelle, ces appareils sont beaucoup plus anciens que Daguerre. Le mégascope fut inventé en 1780, par Charles, pour obtenir des images amplifiées des objets opaques, tels que statuettes, médailles, gravures, dessins coloriés, etc., et dès l'invention de la photographie, l'attention des artistes fut attirée sur cet appareil qui leur permet d'obtenir des épreuves amplifiées de portraits exécutés avec les plus petites chambres noires, et de convertir un portrait négatif bien net sur verre, serait-il microscopique, en un portrait de grandeur naturelle. On peut encore dépasser facilement cette amplification, et cela n'est pas sans importance, non pas pour les portraits, mais pour les gravures, les cartes géographiques, les plans, les dessins de machines, etc. On construisit dès cette époque un mégascope réfracteur achromatique, à l'aide duquel l'amateur pouvait amplifier à volonté ses premières épreuves obtenues avec un daguerréotype de poche, pourvu qu'il y eût à sa disposition des lentilles assez parfaites et assez puissantes et un local assez vaste.

Il n'y a donc rien de nouveau dans cet agrandissement que l'abus qu'on en a fait en l'appliquant aux portraits, de toutes les reproductions photographiques celle qui les supporte le moins, et en produisant ainsi ces laides images, toujours laides malgré la perfection de l'instrument et de l'épreuve, si d'habiles retouches et le travail du peintre ne viennent masquer et corriger les défauts qu'ont naturellement exagérés les agrandissements. Aussi partageons-nous sur ce point complétement l'opinion du jury de Londres, qui ne croit pas à l'avenir de cette mode. Notre critique ne s'applique, bien entendu, qu'au portrait sans retouche. La méthode d'agrandissement conserve tous ses mérites lorsqu'elle s'applique aux autres dessins.

Lorsque l'image est transparente, on se sert, pour l'agrandir, du microscope ordinaire : on place l'image au foyer de son objectif et on reçoit le coin lumineux par un écran recouvert de la feuille sensibilisée, soit dans la chambre noire, soit, pour plus de facilité, dans une pièce assez hermétiquement close pour ne recevoir d'autre jour que les rayons qui lui sont transmis par le microscope lui-même. La lumière solaire faisant souvent défaut, on a eu l'idée de la remplacer par la lumière électrique. On adapte le *microscope solaire* devant la lentille de l'appareil régulateur, en ayant soin que l'intervalle des deux charbons incandescents réponde directement au foyer de cette lentille. Les rayons lumineux qu'elle envoie sur la lentille du microscope sont alors à peu près parallèles, et l'image apparaît comme si elle était formée par les rayons du soleil. Cependant, en photographie, il faut toujours préférer les rayons solaires.

La lentille objective du mégascope est beaucoup plus grande que celle du microscope solaire; l'éclairement s'obtient en projetant sur l'objet, à l'aide de miroirs plans, la lumière solaire ou électrique. Les rayons lumineux, ayant frappé l'appareil, sont réfractés par une lentille achromatique et traversent ensuite une autre lentille plus puissante pour aller former sur l'écran, en face de l'objectif, une image renversée et plus ou moins amplifiée de l'épreuve qu'on veut reproduire. Si l'on met, par exemple, dans le porte-objets une épreuve négative, un verre de trois ou quatre centimètres, de la grandeur d'un portrait-carte de visite, et qu'on ait soin de la renverser, lorsque le réflecteur sera convenablement exécuté et la lentille antérieure mise au point, on verra sur l'écran, tendu sur le fond de la pièce obscure, une image d'autant plus grande que l'écran sera plus éloigné de l'appareil et que la combinaison optique aura plus de puissance. Si cette image est reçue par une substance sensible à l'action photogénique, elle s'y imprimera; on n'aura plus qu'à la fixer par les procédés ordinaires.

C'est dans ces merveilleux grossissements, si admirables par la netteté et la vive lumière, qu'on peut reconnaître toute la supériorité des reproductions photographiques sur les dessins ordinaires; supposons qu'un portrait microscopique, réduit à un point imperceptible, soit ramené à la grandeur naturelle; après l'agrandissement chaque organe, chaque poil, le moindre reflet est marqué comme si un objectif assez puissant avait formé de prime abord et de plein jet l'épreuve de la grandeur qu'on la voit. Les observations microscopiques ont fait faire, dans ces derniers temps, des progrès immenses aux sciences naturelles; la photographie ne leur est pas moins utile. On peut reconnaître, par le grossissement, sur l'image photogénique tous les détails que le microscope montrerait sur l'objet directement observé.

Une ingénieuse application industrielle a été

faite de la photographie microscopique. On prend un petit prisme de crown quadrangulaire bien dressé à ses deux extrémités, on colle à chacune d'elles une épreuve microscopique obtenue sur verre découpé en petits carrés égaux à la largeur du prisme, et l'on passe ensuite chacun des verres portant ces épreuves à la cuvette, de manière à en transformer la surface plane en surface courbe servant de lentille pour voir l'épreuve opposée agrandie, tandis que celle qui se trouve placée près de l'œil est trop petite pour être perçue. On place ces petits tubes, qui ne sont pas autre chose que le microscope Stanhope appliqué à la photographie, dans des bijoux quelconques, et on montre ainsi jusqu'à trente portraits réunis dans le châton d'une bague. La reproduction en détail des monuments de Paris et des chefs-d'œuvre du musée du Louvre tiendrait dans une bonbonnière.

Lorsque nous voyons un objet avec les deux yeux, l'image se produit à la fois sur les deux rétines, et cependant nous ne voyons en général qu'un seul objet. C'est un phénomène physiologique dont on trouve l'explication dans l'habitude contractée par chacun de rapporter à un objet unique les deux images qui se forment sur les points correspondants des deux rétines. Mais si l'on approche d'une courte distance les objets en relief, les images produites dans les deux yeux ne sont pas identiques; les deux yeux n'ayant pas la même position par rapport à l'objet, l'un peut découvrir certains points qui sont masqués pour l'autre, et réciproquement. C'est la sensation produite simultanément par ces images un peu différentes qui donne lieu à la perception des reliefs. Si l'on place un doigt à une courte distance de la racine du nez et entre les deux yeux, il paraîtra bifurqué et semblera double; ce n'est que lorsqu'on l'éloigne que les deux images se confondent peu à peu et que la sensation d'unité renaît.

Si l'on arrive par un artifice quelconque à produire sur les yeux, au moyen d'un dessin, le même effet qu'ils éprouvent lorsqu'ils regardent directement un objet saillant, la sensation sera la même et l'objet dessiné paraîtra en relief : c'est ce problème que résolut M. Wheastone par l'invention du stéréoscope. Mais tant que l'ingénieux instrument fut employé à faire voir en relief des figures géométriques, il fut confiné dans les cabinets de physique et n'offrit qu'un joujou peu amusant à la curiosité de l'enfant. Quel artiste, quelque habile et patient qu'il soit, pourrait exécuter ce merveilleux tour de force de reproduire un portrait, un paysage, une statue sous deux aspects différents, mais avec les mêmes proportions, le même éclairage, la même expression, en un mot, de représenter mathématiquement la même chose vue de deux points différents? Les essais tentés à l'apparition du stéréoscope prouvent l'impuissance de la main et de l'œil de l'artiste pour obtenir un pareil résultat. Or, ce que ne peut faire l'artiste, le daguerréotype l'accomplit avec la plus grande facilité. De là cette merveilleuse vogue qui fit tout à coup une des ressources les plus exploitées par la photographie industrielle de la combinaison optique de M. Wheastone, si bien oubliée par certains qu'ils se firent breveter comme en étant les inventeurs.

On connaît trop l'instrument en lui-même pour que nous ayons à le décrire; les images placées en face des verres grossissants reproduisent les deux aspects sous lesquels on aurait vu les objets représentés en les fixant successivement avec chacun des deux yeux : l'effet de l'instrument est de diriger les rayons provenant de ces deux images comme s'ils partaient d'un objet unique situé entre elles. Quant les images sont bien construites et quand l'instrument est bien adapté à la vue de l'observateur, l'illusion est complète.

Aujourd'hui les oculaires stéréoscopiques sont ordinairement adaptés à une boîte dans laquelle manœuvre un mécanisme à manivelle qui amène successivement à leur foyer une série de vues, si bien que le spectateur, tranquillement assis, peut voir se dérouler au bout de sa lorgnette les panoramas les plus variés, des contrées entières, avec une vérité et une exactitude de reproduction que n'atteindrait jamais le pinceau ou le crayon des artistes les mieux doués. On éprouve une sensation profonde en se trouvant ainsi subitement transporté dans les contrées les plus lointaines, au milieu des populations les plus diverses; cent vues stéréoscopiques passant successivement devant les yeux font mieux connaître la Chine, l'Égypte ou le Malabar que les plus longs récits des voyageurs, et produisent une sensation plus profonde que les tableaux les plus remarquables.

Sans doute on peut faire de graves reproches

aux vues stéréoscopiques : l'effet en est toujours exagéré, surtout pour les objets éloignés; il nous fait voir les reliefs là où les yeux ne le distinguent plus, et il fausse ainsi la perspective, il découpe presque les différents plans d'un paysage comme le font les toiles qui composent les décors d'un théâtre; chaque ligne, qui s'harmonise et se fond si bien dans la nature, est, dans l'image, sèche, nette, tranchée. Tous ces reproches sont vrais, réels, mais ces imperfections mêmes semblent contribuer à l'effet saisissant des vues stéréoscopiques, et l'esprit a bientôt redressé les erreurs qu'a commises l'instrument; les positifs sur verre vus en transparence produisent surtout de charmants effets.

Dans le principe, deux moyens furent employés pour obtenir des reproductions mathématiquement exactes du même objet le représentant sous un angle donné à deux points de vue différents. L'instrument restant immobile, on faisait pivoter l'objet sur lui-même, ce qui n'est pas toujours possible et ce qui modifie d'ailleurs sensiblement le jeu de la lumière qui l'éclaire, donne au stéréoscope des images des plus burlesques, où l'objet restant immobile, on déplaçait le daguerréotype, ce qui apporte des lenteurs et des difficultés souvent très-grandes dans l'opération et la rend parfois impossible.

D'ingénieuses combinaisons furent alors cherchées dans la disposition de la chambre noire et du châssis dans lequel se place la glace destinée à recevoir l'image, afin qu'elle fût imprimée par la lumière sur une même surface impressionnable, sans déranger l'instrument ni le modèle, en donnant cependant à chaque image l'écartement convenable. Toutes ces combinaisons présentèrent des inconvénients, et ce n'a été que lorsque deux objectifs ont été combinés de manière à produire les deux images du même objet sur la planchette ordinaire de la chambre noire, d'après l'angle visuel voulu par leur superposition, que l'illusion stéréoscopique est devenue complète.

La sensation de relief se produit aussi, mais moins complète, lorsque les deux yeux sont obligés de regarder l'image à travers un verre grossissant de dimension médiocre; c'est une des illusions dont la mode fait un peu délaisser celle du stéréoscope, à cause de la facilité qu'elle offre d'examiner à la loupe les portraits-cartes de visite en leur faisant produire l'effet stéréoscopique.

Nous n'avons pu, dans ce chapitre, que toucher aux principales combinaisons optiques qui intéressent la photographie, et cependant bien des détails, peut-être longs et fastidieux pour le lecteur, mais indispensables pour l'artiste, se sont mêlés à la description des effets les plus propres à intéresser la curiosité. Qu'on nous le pardonne; aujourd'hui, un peu de science est la bienvenue partout, et pourvu qu'elle ne se hérisse pas des formules abstraites ou algébriques si bien faites pour épouvanter les plus braves, s'ils ne sont pas du métier, l'explication des phénomènes de la nature a libre entrée dans tous les salons comme dans tous les esprits; ces temps sont passés où l'on voulait toujours faire de la prose sans le savoir.

CHAPITRE IX

Les ateliers de photographie.
Les salons d'attente. — Le salon de pose.
Laboratoire.
La Chimie photographique.

Il y a quelques années, un journal, *la Lumière*, donnait les détails suivants sur l'état de la photographie aux États-Unis : L'héliographie est deve- « nue une véritable passion aux États-Unis. Cette « nation des nations, toute pleine de jeunesse, « de vigueur, d'ambition, ne veut pas rester en « arrière du vieux monde de la civilisation et des « arts. Elle aime surtout le nouveau, et elle n'a « pas tout à fait tort. Elle est avide d'inventions « utiles et de grandes découvertes. Il y a New- « York soixante et onze ateliers uniquement con-

« sacrés à l'art photographique, indépendamment « des manufactures où se fabriquent et se vendent « les produits chimiques, les appareils, les pla- « ques, etc. Ces ateliers renferment cent vingt- « sept opérateurs ; le montant des loyers payés « est de 25,550 dollars ou 187,970 francs.... « Les Américains ont fait d'énormes dépenses « pour leurs ateliers. Ce sont de véritables palais, « dignes d'entrer en comparaison avec les de- « meures enchantées que les Orientaux prêtent « aux héros les mieux doués de leurs contes. « Marbres taillés en colonne ou animés sous l'ha- « bile ciseau du sculpteur ; tentures richement « brodées encadrant des tableaux de prix ; tapis « moelleux où le pied repose sans bruit ; volières « remplies d'oiseaux de toutes contrées, qui chan- « tent derrière un rideau de plantes rares dont « les fleurs parfument l'air en s'épanouissant à « la lumière adoucie du soleil. Tout y est réuni « pour distraire l'âme du visiteur de ses préoc- « cupations pénibles et donner à son visage une « expression de calme et de bonheur. »

Lorsque le journal *la Lumière* faisait cette description féerique des ateliers des héliographes américains, on pouvait croire à un peu d'exagération dans le luxe qu'on prêtait aux établissements de simples artistes industriels. La photographie proprement dite était à peine inventée, la plaque daguérienne régnait encore, et les modestes ateliers des daguerréotypeurs parisiens ne pouvaient être comparés aux palais des héliographes du nouveau monde. Dix ans se sont écoulés depuis, et lorsque, aujourd'hui, on veut citer un type du luxe et du bon goût qui doivent régner dans un établissement à la fois artistique et industriel, on cite les ateliers d'un photographe parisien. Quant à la somme des loyers que payent les trois ou quatre cents artistes photographes qui opèrent sur les rives de la Seine, elle ferait pâlir le Yankee le plus habitué à jeter par millions les dollars dans les entreprises les plus hasardeuses.

L'air pur et la lumière sont les deux conditions indispensables d'un atelier de photographie, et ces deux choses sont rares à Paris, où l'espace est si difficile à trouver, même à prix d'or. Souvent forcé de les chercher assez haut, il transforme en splendides et délicieuses demeures ces étages que meublaient autrefois les poëtes et la jeunesse, qui seuls y établissaient leur nid. Les établissements se divisent en trois parties distinctes qui empruntent à la destination qui leur est propre une physionomie particulière : les salons de réception et d'attente, la terrasse ou salon de pose, et les laboratoires.

Les salons d'attente luxueusement meublés, ornés de bronzes, de marbres, de porcelaines, d'objets d'art; des salles d'exposition, des cabinets de toilette où les dames se costument avant la pose, forment la partie livrée au public, celle que chaque artiste s'efforce de rendre digne des personnages qui le visitent, et où les gens du meilleur monde peuvent se croire chez eux. On se tromperait grandement, si l'on attribuait toute cette recherche luxueuse à une préoccupation purement industrielle, au désir d'éblouir le visiteur en faisant miroiter à ses yeux toutes les apparences de la richesse qui accompagne ordinairement le succès. Le même sentiment artistique qui fait accumuler aux peintres mille curiosités, des objets d'art, de riches meubles, souvent des fantaisies d'un grand prix dans le fouillis harmonieux de son atelier, inspire et impose au photographe le luxe de son établissement.

L'artiste, pour trouver l'inspiration et la calme

attention du travail, a besoin de se créer un milieu qui lui plaise, où chaque objet que son œil rencontre réponde à des pensées qui l'occupent et lui apprennent comment l'art, par mille moyens divers, réalise le beau dans la forme. Pour lui, chacun de ces objets qui, aux yeux du visiteur vulgaire, meublent d'une manière si disparate son atelier, est un livre ouvert qu'il étudie sans cesse, où il voit écrite l'histoire de l'art qui le met sur la voie de l'idée, de l'harmonie, de l'effet qu'il cherche. Le modèle qui vient s'asseoir sur l'estrade et longuement poser devant lui, est aussi vivement impressionné par ce milieu nouveau dans lequel il se trouve; il y oublie vite ses affaires, ses préoccupations mesquines, souvent même la physionomie d'emprunt qu'il avait résolu de prendre pour paraître plus digne ou plus gracieux. Si l'artiste sait alors, par une causerie habilement coupée, développer et guider l'impression produite, les fibres de son visage se détendent, et il arrive à leur faire prendre l'expression qu'il désire.

Chez le photographe, le modèle pose à peine une demi-minute devant l'instrument. Il faut qu'avant d'entrer dans le salon de pose, il ait oublié dans les salons d'attente toute préoccupation extérieure : qu'en y feuilletant les albums, en examinant les portraits exposés, en interrogeant sur la valeur artistique, sur le caractère propre à chacun d'eux, il ait pu apprécier et saisir les poses et l'expression qui lui conviennent le mieux, et que quelques conseils de l'artiste suffisent ensuite pour lui faire prendre. Tout doit être mis en œuvre pour distraire le visiteur et donner à son visage une expression de calme et de bonheur, pour faire naître dans son âme des idées agréables, riantes, qui, éclairant ses traits d'un doux sourire, en fassent disparaître cette expression sérieuse que le plus grand nombre a une tendance à prendre, et qui, étant celle qui s'exagère le plus, donne ordinairement à sa physionomie un air de souffrance, de contraction ou d'ennui.

Le salon de pose est ordinairement établi sur une terrasse couverte et disposée de manière que les rayons lumineux puissent parfaitement l'éclairer dans toutes ses parties et à toute heure du jour. Des écrans mobiles, des rideaux de différentes nuances, des réflecteurs habilement manœuvrés composent la lumière suivant les besoins de l'opération, règlent son intensité et éclairent le modèle, de façon que toutes les surfaces, tous les contours soient apparents, et que tout en mettant un des côtés beaucoup plus franchement en lumière que l'autre, aucune partie ne reste enveloppée dans une ombre absolue.

Les accessoires qui meublent le salon de pose doivent être assez nombreux, variés et de bon goût. Des toiles peintes en trompe-l'œil, glissant dans des rainures, forment des fonds divers représentant des berceaux, des jardins, des paysages, des galeries, etc. Il faut assez bien choisir et disposer ses accessoires pour qu'ils ne puissent pas acquérir trop d'importance et écraser même dans l'épreuve le modèle qu'ils doivent simplement accompagner et faire valoir.

Ceux qui prétendent qu'il ne peut pas y avoir de l'art dans un portrait photographique, et qui, toujours préoccupés de l'instrument, ne voient pas la personne qui le manœuvre, devraient passer quelques journées dans un salon de pose et voir l'artiste aux prises avec le modèle. Certes, bien de grandes satisfactions, de jouissances artistiques y payent le photographe de ses faciles efforts, lorsqu'il lui arrive de reproduire une de ces beautés splendides ou charmantes pour qui la nature prodigue a tout fait et qui, toujours belles dans leurs poses, n'ont qu'à se montrer à l'instrument, mis à point, pour que la lumière reproduise leur admirable et délicieuse image. Mais pour ces bonnes fortunes si rares que l'artiste attend comme un rayon du soleil dans les jours les plus sombres, que d'heures anxieuses et maussades, que d'efforts pénibles il dépense à corriger l'ineptie souvent revêche du modèle ou la vérité trop fidèle de l'instrument! Pour le peintre doué, l'art est relativement facile, ses couleurs et son crayon obéissent à sa fantaisie, et si son inspiration est en contradiction avec le vouloir du modèle, que lui importe? Il marche hardiment, n'obéissant qu'à sa pensée et sachant bien que quelques concessions apparentes suffiront pour que l'œuvre achevée ressemble et plaise. Il a pour lui le temps, qui permet de trouver l'heure favorable pour la persuasion, les changements faciles et surtout ce grand et infaillible moyen qui lui fait pardonner toutes ses exigences, embellir et rajeunir le modèle.

Presque toutes ces ressources manquent au photographe; si, ce qui n'arrive que trop souvent, le goût de la personne qui pose est en désaccord avec le sien, il faut qu'à la minute même il la persuade, la drape, la pose. Il faut d'un coup d'œil qu'il ait vu la beauté caractéristique de sa physionomie, et trouvé le jour, l'aspect, la pose qui la fera le mieux valoir; qu'il l'amène à donner à son visage l'expression qui lui sied, la souplesse, l'élégance, le naturel; qu'elle retranche de sa toilette tel détail nuisible, tel ornement qui, charmant sur la personne, ne produirait pas le même effet dans le portrait; qu'il lui persuade qu'il est inutile de charger ses doigts et ses bras de bijoux, d'encadrer son image dans un fond prétentieux, de l'entourer de vases, de berceaux, de statuettes, de guirlandes, de changer telle robe dont la couleur qu'elle aime donnerait à l'épreuve une teinte désastreuse. Lutte pénible, difficile, dans laquelle l'artiste dépense en vain tout le tact, toutes les ressources d'un esprit ingénieux et patient, lorsqu'un amour-propre déplacé s'en mêle; alors, de guerre lasse, il laisse le client poser comme il veut, et l'instrument croquer le modèle tel qu'il est. L'artiste n'est pour rien dans cette affaire; il n'a d'autre ressource que de diriger la lumière et plus tard le tirage, de manière à produire de bonnes épreuves photographiques qui laissent toute la responsabilité de la vulgarité, de la laideur ou du ridicule du portrait à qui elle revient.

Pour la photographie, dit-on, c'est le modèle qui fait son portrait lui-même. Ceci est vrai dans le sens absolu du mot, si l'on veut dire qu'une fois éclairé et posé, le modèle et l'instrument agissent seuls. Mais à qui est due la pose, à qui est due la disposition du jour? Les traits les plus réguliers, les plus délicats seront mal rendus, enlaidis par l'épreuve, si une pose et un jour habilement disposés ne font leur image harmonieuse, si l'artiste ne sait sentir ni faire valoir leur beauté; la figure la plus ingrate, étudiée et rendue par l'artiste, peut donner un portrait remarquable. Le modèle ignore presque toujours comment se produit l'image photogénique, en quoi consistent les foyers optiques et chimiques, les résultats que donnent les couleurs, les nuances, les différences de plan dans la pose. C'est dans l'esprit du photographe que se font ces appréciations, ces calculs; c'est d'après eux qu'il formule ses conseils. On doit les suivre, alors même qu'on ne se rend pas parfaitement compte de ses exigences. Lorsqu'on entre dans un salon de pose, on ne saurait trop se pénétrer de cette idée que c'est l'expérience, le savoir, le goût épuré, le sens artistique du photographe qui doivent guider le modèle et suppléer à ce qui lui manque.

On a voulu formuler des règles certaines pour la pose du modèle; d'après nous, il ne peut y en avoir. C'est à l'artiste de bien étudier d'abord le caractère de la physionomie, le genre de beauté de la personne qui vient lui demander son portrait, et de la poser ensuite suivant son inspiration, de manière à faire valoir le mieux et le plus harmonieusement possible les avantages et à masquer les défauts qui le frappent. En posant le modèle un peu de côté et le visage un peu plus de face que le corps, en mettant les mains autant que possible sur le même plan que le visage, sans que les pieds soient trop projetés en avant, on peut obtenir des portraits harmonieux, accentués, des épreuves qui ont une véritable tournure artistique. Posé trop en face, il est plus difficile de ne pas laisser tomber le portrait dans le vulgarisme qu'on reproche aux reproductions photographiques ordinaires. Mais ce sont là des données générales; c'est au photographe, nous le répétons, de voir la pose qui convient au modèle, de mesurer et de disposer la lumière; c'est en cela qu'il doit faire réellement preuve de sens artistique et de sa personnalité. Il doit éviter tout parti pris dans la pose et dans l'effet produit, sans cela il arrivera à ce résultat que tous ses portraits se ressembleront plus ou moins, qu'ils auront un aspect général uniforme qui détruira l'individualité de chacun d'eux. C'est ce qu'on remarque dans les épreuves, d'ailleurs fort belles, qui sortent des ateliers de quelques photographes habiles qui, se laissant séduire par l'aspect saisissant de certaines poses, répètent toujours la même. Évidemment, ce sont là des conditions difficiles à remplir; il faut avoir, pour bien les comprendre et surtout pour les suivre, un sentiment profond de la beauté et de l'art, de l'imagination, du goût, du tour, un esprit ingénieux, l'œil prompt et sûr, en un mot, être artiste de naissance et de savoir; mais nous ne parlons ici que du photographe artiste, et non du simple opérateur.

La pose arrêtée, quelle qu'elle soit, la plus essentielle de toutes les obligations du modèle c'est l'immobilité : si l'on bouge, fût-ce même imperceptiblement, toutes les parties du visage se trouvent augmentées ; il se superpose plusieurs images l'une sur l'autre, l'harmonie des lignes, l'exactitude du portrait sont détruites ; les fibres doivent devenir de marbre, nulle vibration ne doit les agiter. C'est l'absence de cette immobilité absolue qui souvent a fait accuser la photographie de grossir ou d'élargir les traits. Le modèle, qui croit être immobile, rejette sur l'instrument un défaut dont seul il est coupable. La durée de la pose est à peine de quelques secondes, et, aidées de l'appuie-tête, les personnes les plus vives peuvent garder dans ce court intervalle une immobilité absolue.

Cette immobilité ne doit jamais aller jusqu'à la gêne ; il ne faut pas suspendre la respiration, mais conserver à la nature toutes ses allures habituelles, les yeux doivent s'arrêter sur un point déterminé, sans donner cependant au regard une rigidité trop grande, ni résister au mouvement naturel des paupières ; le regard deviendrait forcé et d'un aspect désagréable. On ne doit se préoccuper en rien ni de l'objectif ni des opérateurs.

Quelques secondes ont suffi pour imprimer d'une manière latente l'image dans la couche sensible. On ferme l'objectif, on retire le châssis de l'objectif, la liberté est rendue au modèle, et toutes les manipulations successives qui feront d'abord apparaître l'image encore invisible sous l'action de réactifs appropriés et qui la fixeront, et le tirage des épreuves sur le cliché négatif ainsi obtenu, se feront dans le laboratoire, complétement isolé et interdit au public.

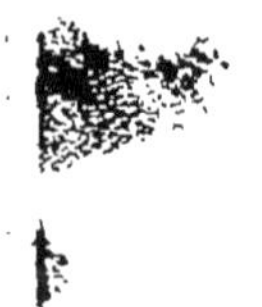

Le laboratoire se compose de plusieurs pièces ayant chacune leur destination propre. La partie la plus essentielle est celle où se collodionnent et se sensibilisent d'abord les glaces, puis où se développe et se fixe l'image. Cette pièce est ordinairement divisée en deux compartiments. Le premier communique avec le salon de pose et les autres pièces de l'atelier; le second, n'ayant de communication qu'avec le premier, doit être absolument privé de rayons solaires. Si la lumière y pénètre, cela ne doit être que par un verre jaune, et encore est-il bon qu'elle lui arrive d'une première pièce où elle a déjà pénétré d'une manière diffuse; autrement l'opérateur s'y éclaire avec une bougie. Les vitrines en verre jaune doivent être renouvelées de temps à autre, l'action moléculaire et persistante exercée sur les corps par les rayons lumineux produisent sur eux un effet assez sensible pour que l'opérateur s'aperçoive que leur action antiphotogénique va toujours en décroissant d'une manière sensible.

Une autre pièce, privée aussi de lumière blanche, doit servir à la préparation du papier pour épreuves positives ; on y conserve les feuilles suspendues et entourées de toiles peintes en noir jusqu'au moment où on les met dans les châssis pour opérer les tirages qui ont lieu sur des terrasses en pleine lumière. Dans les autres parties de l'atelier se trouvent les casiers où se conservent les clichés négatifs, et les artistes qui retouchent ou colorient les images, et qui font subir à l'épreuve les dernières opérations qui la mettent en état d'être livrée au public. On se fait rarement une idée de l'ordre minutieux qui doit régner dans un établissement de photographe. Chez lui, l'industriel occupant un nombreux personnel et dirigeant une exploitation qui souvent représente des capitaux considérables, double toujours l'artiste ; le moindre laisser aller serait sa ruine. C'est par milliers parfois qu'il compte ses clichés, et chacun de ses clichés représentant des personnages ou des sujets différents, doit être à la minute sous la main. Lorsque arrive une demande, il faut qu'il connaisse l'état de chacun d'eux, le nombre d'épreuves positives qu'il a fournies, s'il peut encore servir et quelle sera sa durée probable. Son catalogue est pour lui une fortune, mais difficile à maintenir et à gérer comme toute fortune qui repose sur une entreprise industrielle et la vogue d'une réputation d'artiste. Lorsque le peintre ou le sculpteur exposent leur œuvre, ils ont le public pour juge. Le sentiment artistique si répandu en France dans les masses, le goût exercé des gens du monde, et par-dessus tout cela le savoir de critiques éminents qui éclairent et guident le photographe, a d'abord pour juge unique et sans appel le client, qui retrouve pour apprécier ses épreuves toutes ses exigences, toutes ses prétentions, et qui s'étonne qu'on n'ait pas fait un chef-d'œuvre en le reproduisant à son goût. Aussi doit-on tenir pour artiste d'un mérite réel celui qui arrive à la réputation et à la fortune uniquement par la production de ses œuvres.

Pour être complet, un atelier de photographie doit posséder un laboratoire de chimie, et préparer lui-même les produits les plus délicats qu'il emploie. Pour obtenir de belles épreuves, il est indispensable de n'employer que des produits épurés et éprouvés qui donnent toute garantie de succès. Il s'est bien créé des maisons spéciales de produits pour la photographie, et elles ont fait accomplir des progrès très-réels à leurs préparation; mais si l'on peut avoir confiance en beaucoup de leurs produits, et s'il est même très-avantageux de prendre chez elles l'eau distillée, l'hyposulfite de soude, l'iodure de potassium, l'alcool épuré, l'éther, l'acide pyrogallique, il n'en est pas de même pour les autres produits. Dans l'intérêt artistique de ses œuvres, comme dans son intérêt industriel, le photographe doit, par exemple, se conserver la fabrication du nitrate d'argent et du chlorure d'or, et utiliser ses résidus.

Un laboratoire de chimie est d'ailleurs pour le photographe une occasion constante d'étude et par conséquent de progrès; il ne pourra pas, s'il n'en possède point, essayer la plupart des formules ou des découvertes qu'on lui vante, et se rendre compte ainsi par lui-même de leur valeur, ni tenter lui-même l'emploi de nouvelles substances, ni modifier par des tâtonnements et des recherches nécessaires ses anciens procédés; il sera privé de ses principaux moyens d'investigation et de progrès. Le peintre achète ses couleurs toutes préparées, et il a le grand tort de s'en rapporter ainsi au fabricant, mais du moins, il obtient avec elles l'effet immédiat qu'il veut produire. Le temps seul montrera par son action sur le tableau leur mauvaise qualité. Le photographe aura, au contraire, à supporter les effets immédiats de sa négligence ou du manque de connaissances chimiques; ses épreuves seront mauvaises, elles ne répondront pas à ce qu'il en attendait, car l'image ne pouvant être donnée que par l'action de la lumière sur la couche sensible, ses qualités dépendent entièrement de la composition de celle-ci.

La nécessité d'obtenir des produits les mieux appropriés possibles a fait faire des progrès réels, non-seulement à la fabrication de papier et à la chimie photographique, mais encore à la chimie générale, et fait trouver des emplois nouveaux aux différentes substances dont elle se sert. Le large emploi de l'eau distillée dans plusieurs industries date de la découverte de Daguerre; l'iodure de potassium, traité en grande manufacture, est épuré spécialement pour la photographie, industrie à laquelle on doit autant attribuer qu'à la médecine les perfectionnements apportés à la fabrication de ce beau produit; l'hyposulfite de soude a été créé comme article de commerce pour les besoins de la photographie, il a reçu depuis d'autres applications. Le cyanure de potassium est une substance dangereuse dont il faut tendre à supprimer l'emploi. La photographie a donné à la fabrication de l'éther une importance très-grande, il faut le choisir pur et le rectifier au besoin dans le laboratoire; sa composition, comme celle du fulmi-coton, est très-importante. La manipulation de ces deux substances comme collodion est fort délicate et dangereuse; il faut que la solubilité du fulmi-coton soit complète. On fait bien de ne pas se fier aux fabricants ordinaires pour sa préparation. A côté de ces produits principaux se placent un nombre infini d'autres d'un emploi moins général que le photographe doit connaître et étudier, mais qu'il serait trop long d'énumérer dans ce résumé.

Nous n'avons parlé ici que de l'atelier du photographe artiste, et si nous avons paru nous occuper surtout de l'atelier pour portraits, c'est que celui-là résume tous les autres. Le paysagiste qui opère en plein air, obligé de s'improviser un atelier, ne fait que de recueillir des clichés, qui plus tard donneront des épreuves dans un local convenablement approprié. Le portrait d'ailleurs, si facile en apparence, est l'œuvre la plus délicate, et celle qui exige, pour mériter le titre d'œuvre d'art, le plus de ressources, les instruments les meilleurs, les procédés les plus perfectionnés. De là vient que parmi si grand nombre de photographes qui opèrent un peu partout, les uns dans des établissements les plus somptueux, d'autres dans la première boutique laissée vide, dans le premier endroit où ils peuvent planter leur tente, si peu réussissent. De là vient que tant d'amateurs, véritables artistes, savants en théorie; habitués à la pratique, n'obtiennent cependant que des épreuves qui ne satisfont que fort médiocrement, et qui ne récompensent pas leurs efforts lorsqu'ils veulent faire un portrait, tandis qu'ils obtiennent parfois d'admirables reproductions de paysages. La photographie exige des manipulations nombreuses, des opérations minutieuses. Celui qui opère doit posséder cette adresse que donne seule la pratique journalière, et à laquelle n'atteindra jamais l'amateur le mieux doué. Aussi que de nombreuses déceptions ont eu à supporter les gens du monde qui, voulant donner une distraction agréable et utile à leurs loisirs, ont cru, à l'aide de faciles études et par l'achat d'instruments et du matériel nécessaire, pouvoir s'improviser photographes. Ils savent tout, observent scrupuleusement les formules, suivent les meilleures méthodes, possèdent les instruments les plus parfaits, et n'arrivent pas à produire un portrait supportable. Il leur manque *le faire* que la pratique, une pratique de chaque instant donne seule.

Sous tous les rapports, on le voit, la photographie est un art complexe; l'artiste, quelque éminent qu'il soit, ne suffirait pas à faire une belle œuvre; l'instrument et le procédé, malgré leur perfection, ne donneraient qu'une épreuve sans sentiment, sans harmonie, sans vie, quelque chose de terne et de mort. Il faut, pour produire une épreuve photographique réellement bonne, ces conditions si rarement réunies; un artiste opérateur habile, un bon instrument, un procédé parfait et un atelier intelligemment approprié.

On comprend dès lors que l'exploitation industrielle pouvant suffire seule aux dépenses qu'exigent de telles conditions, c'est surtout par elle que le progrès de l'art créé par Daguerre doit s'accomplir. Cela explique encore pourquoi tant de découvertes magnifiques en théorie, et donnant les plus belles espérances aux savants qui les commentaient, n'ont pu jamais passer de l'Académie dans l'atelier de l'artiste, celui-ci exerçant la plus impitoyable des critiques : celle de l'expérience journalière.

CHAPITRE X

État actuel de la Photographie.
La Photographie est-elle un art?

Pour juger du développement énorme qu'a pris la photographie dans l'espace d'un quart de siècle, il suffirait d'apprécier l'importance des industries spéciales qui sont nées auprès d'elle pour lui fournir les instruments ou les matières premières dont elle dispose. A Paris, à Vienne, à Londres, à New-York, dans toutes les principales villes du monde, des maisons souvent puissantes se bornent uniquement à produire pour elle. Nous avons dit la perfection à laquelle était parvenue l'optique photographique, les progrès réalisés dans la préparation des produits chimiques. Les appareils d'ébénisterie destinés à meubler l'atelier du photographe sont aussi devenus une branche spéciale et importante de l'industrie, et pour répondre aux différents besoins des opérations photographiques, faites en atelier où en voyage les constructeurs ont trouvé les plus ingénieuses combinaisons. De Paris, où elle est née, la photographie s'est répandue dans l'univers entier, et il n'est pas sans intérêt de jeter un rapide coup d'œil sur l'état actuel de l'industrie chez les différentes nations.

Un fait frappe d'abord dans cet examen, c'est que partout on a adopté les procédés français et que Paris conserve toujours le monopole des œuvres d'art et de goût. Le procédé Talbot, modifié et popularisé par M. Blanquart-Évrard, est exclusivement employé. La découverte du collodion, du cliché sur glace, et d'une foule d'autres perfectionnements de détail, tous accomplis en France, en ont fait un procédé entièrement français, adopté partout, et ce procédé laisse, quand il est appliqué par un opérateur habile, peu de choses à désirer comme perfection de l'œuvre. Nous avons fait connaître les différents procédés et les principaux perfectionnements qui y ont été apportés, et en résumé les progrès considérables accomplis en si peu d'années. En montrant les voies nouvelles ouvertes à l'art de Niepce et Daguerre, par l'héliographie et l'héliochromie, nous avons dit que le progrès ne s'arrêterait pas là. Nous entrevoyons à peine l'aube du splendide avenir que le temps, l'étude de la théorie, l'expérience et surtout le hasard, cette providence des chercheurs intelligents, lui préparent. Une industrie artistique qui donne des résultats aussi attrayants pour tout le monde et si récréatifs pour quelques-uns doit trouver chez toutes les nations des artistes, des savants, des industriels ardents à la faire progresser.

En Angleterre, le négatif sur papier a été encore plus abandonné qu'en France par les photographes ; c'est un procédé trop lent pour le ciel brumeux des Iles britanniques. Le collodion humide y est employé à reproduire les charmants paysages qui sont les œuvres les plus remarquables des photographes anglais, et auxquels il ne manque que la dimension pour rivaliser avec les nôtres. Le soleil de Londres est peu favorable aux portraits, et c'est sans doute l'imperfection des épreuves obtenues d'un seul jet, plus encore que le mauvais goût assez naturel à cette nation, qui fait faire un étrange abus des peintures à la gouache, à l'aquarelle, à l'huile même dans tous les ateliers des photographes qui font spécialement le portrait. Le goût du stéréoscope, un peu perdu en France, est très-répandu en Angleterre, et on y a recours à une foule de supercheries qui ne tiennent en rien à l'art, pour obtenir les effets les plus puérils. En résumé, si de l'autre côté du détroit la photographie a pris un grand développement comme industrie, elle laisse beaucoup à désirer comme art.

Les procédés de la photographie anglaise et les produits chimiques qu'elle emploie n'ont rien de particulier. Tout ce qui constitue l'atelier et le bagage photographique y est l'objet d'une industrie très-développée. les Anglais y apportent toute l'intelligence et la précision de leur esprit pratique, mais la plupart de leurs produits sont d'un poids inutile; ils n'approchent pas, comme élégance et bon marché, des produits français. La fabrication des lentilles et leurs combinaisons diverses, soit pour objectifs à portraits, soit pour objectifs à paysages, s'y est améliorée depuis quelques années sans que les instruments qu'elle produit puissent encore rivaliser avec ceux du continent.

L'Allemagne doit à la perfection des instruments fabriqués par M. Voigtlander la netteté de ces profils de la figure, l'absence absolue de difformation de l'image et le parfait rendu des étoffes qui distinguent ses portraits. Un assez long séjour dans les ateliers photographiques d'outre-Rhin nous a prouvé avec quelle habileté les artistes allemands savaient user des diaphragmes et nous ont convaincu qu'ils devaient à leur emploi la plus grande partie de leur succès.

La Belgique, qui est toujours attirée comme par une puissance irrésistible vers tout ce qui tient de la contrefaçon, s'adonne surtout à la reproduction des tableaux. Elle n'égale pas l'habileté des spécialités françaises en ce genre. La plupart des ateliers de portraits à Bruxelles sont des succursales d'établissements parisiens. Bruxelles aura beau faire, il ne sera jamais qu'un faubourg de Paris.

La Grèce et l'Italie ont le soleil splendide, les monuments, les ruines, les souvenirs, tout ce qu'il faut à l'artiste pour produire ces admirables vues qui remplissent aujourd'hui tant d'albums photographiques. C'est dans cette spécialité que leurs photographes excellent. Ils rendent un service immense à l'art en vulgarisant les œuvres des grands maîtres de l'antiquité et de la Renaissance, en conservant le souvenir de chefs-d'œuvre qui, malheureusement, tendent chaque jour se dégrader et dont quelques-uns disparaîtront bientôt.

Nous avons dit incidemment ce qu'était la photographie en Amérique. On voit donc que chez chaque peuple, comme dans chaque atelier, la photographie, en faisant des progrès considérables, emprunte son caractère aux lieux et aux opérateurs, et que l'on peut déjà reconnaître l'auteur ou la provenance des épreuves en appréciant les défauts ou les qualités qui les distinguent.

Et maintenant la photographie est-elle un art?

Ce n'est certes pas un doute que nous émettons en écrivant ces mots trop souvent répétés! Pour nous, qui lui devons les plus douces jouissances qui puissent remuer l'âme d'un artiste, pour nous, qui connaissons ses ressources et qui savons la valeur de l'instrument et celle du procédé, la photographie est bien un art. Du jour où nous comprendrons que nous ne sommes que le manouvrier de l'instrument, que ce n'est pas notre propre sentiment que rend l'épreuve, qu'elle ne réalise pas le beau tel que nous le sentons, tel que nous le voyons; qu'elle ne fait pas passer dans l'âme des autres la sensation que j'ai éprouvée à la vue du modèle, nous abandonnerons à qui voudra la prendre l'occupation la plus chère de notre vie, celle dont nous avons fait le but de notre existence, nous aurons perdu la plus aimée et la meilleure de nos illusions. Mais non! Nous le sentons au sentiment qui se révolte dans les profondeurs de notre âme à la seule idée du doute. La photographie est bien un art, et si elle n'a pas trouvé encore sa place officielle à côté de la peinture et du dessin, ce n'est plus parce que l'artiste la dédaigne ou que le public la méconnaît, c'est qu'elle est encore comme ces hôtes inattendus au banquet : sa place n'y est pas faite.

Lorsque Daguerre eut divulgué la découverte, on ne vit que l'instrument, l'artiste s'effaça complétement devant le merveilleux du procédé; une certaine habileté était tout au plus accordée à l'opérateur. Puis est venue la période de recherches, de tâtonnements, de découvertes journalières, et là encore le chimiste, l'opticien, le manipulateur patients et attentifs suffisaient à l'œuvre et accomplissaient le progrès. La photographie est loin de ses débuts. A l'époque où nous sommes, elle a vaincu les obstacles extérieurs qui arrêtaient la pensée de l'artiste, et elle a atteint ce glorieux avenir que lui prédisaient F. Arago et P. Delaroche lorsqu'elle faisait son entrée dans le monde sous le double patronage de l'Académie des Sciences et de celle des Beaux-Arts.

Mais, chose étrange! au fur et à mesure que, dégagée de ses entraves, la photographie, marchant plus libre, ouvrait une voie plus large et plus facile au sentiment artistique, on niait plus ouvertement ses droits de figurer au palais des Beaux-Arts, et on allait jusqu'à prétendre qu'une épreuve photographique a si peu de valeur qu'elle ne peut constituer comme œuvre artistique une propriété pour celui qui l'a créée.

Aujourd'hui encore, cette prétention trouverait des gens prêts à l'exploiter et des avocats préparés pour la défendre, si plusieurs arrêts de la cour suprême n'avaient désarmé, sinon découragé la contrefaçon. Il n'est donc pas inutile d'aborder ici de front cette question : La photographie est-elle un art?

L'artiste, dit-on, imagine, conçoit et crée, il a pour lui le domaine de l'idéal, comme celui de la réalité. Le photographe n'a devant lui que la réalité. Le domaine de l'idéal lui est fermé, l'instinct, le sentiment, le goût, le cœur, l'âme de l'artiste ne sont pour rien dans ces merveilles qu'il étale devant nous, et qui excitent l'admiration du public; il n'y a là qu'un procédé mécanique qui donne les effets produits. C'est l'instrument rendant le modèle, tel qu'il est : il ne crée, ne compose, ni ne combine, ne peut jamais voir au delà de la réalité. Et ces affirmations, presque invariables dans leurs formes, vont se répétant toujours, sans que nul songe à chercher ce qu'il peut y avoir de vrai et de faux derrière leur exagération.

« Il est plusieurs demeures dans la maison de mon père, disait le Christ. » Il en est ainsi dans le domaine de l'art. Nul ne peut poser les limites, ni dire son point de départ; il est aussi varié dans ses manifestations que la pensée, la fantaisie, l'imagination humaine; il existe, dans toute œuvre quelle qu'elle soit, qui, parlant à la fois à l'esprit et au cœur, excite en nous une admiration profonde qui nous élève au-dessus de la matière, qui la domine, et nous emporte vers l'idéal; que ce sentiment naisse du beau créé par l'imagination de l'artiste, ou que le beau et le vrai dans leur réalité matérielle le réveillent dans nos âmes, peu nous importe! Toute œuvre qui le fait naître est œuvre d'art; qu'elle soit due au ciseau, au pinceau ou à l'instrument photographique, l'esprit, la raison, le sentiment sont intervenus dans cette œuvre. C'est une œuvre d'art.

Loin de s'effacer, de s'annihiler complétement derrière l'instrument ou le procédé, le photographe est constamment avec eux, il les dirige, les domine et leur fait produire les effets qu'il veut. Ceux qui le nient parlent, en raisonnant photographie, d'une chose qu'ils ignorent. Quelques heures passées dans l'atelier de l'artiste les auraient convaincus d'erreur. L'instrument par lui-même, nous l'avons vu, fausse presque tous les tons de la nature; les couleurs exercent sur la couche photogénique une action qu'il faut prévoir, étudier, diriger; les épreuves viennent dures, tendres parfois; d'autres fois, d'un vague désespérant et ne représentent le modèle que d'une manière imparfaite. L'altération de la perspective aérienne et de la perspective linéaire est la conséquence forcée du procédé photographique livré à lui-même. La substance qui reçoit l'image photographique est plus sensible que notre œil lui-même. Lorsque, par exemple, on l'applique aux observations astronomiques, elle reçoit l'impression de corps que les instruments optiques les plus puissants n'avaient pu faire découvrir. — Il en résulte que dans les reproductions ordinaires, les objets placés à l'extrémité de l'horizon lumineux aux dépens de l'immeuble fassent tous les tons, si des couleurs composées les donnent. Ce sont là les produits du procédé et de l'instrument; l'art n'a rien à faire, ils ne lui touchent pas plus que ces plâtres que vendent, encore humides du moule grossier dont ils sortent, les *Piccolini* de nos carrefours.

Il n'en est pas ainsi de l'épreuve photographique produite par l'artiste habile; il a su prévoir et corriger les défauts de l'instrument et du procédé; étudier, concevoir et composer son sujet, créer une œuvre qui ne dépend que de sa conception et de son esprit en rendant le modèle tel qu'il le voit et le comprend. Un sentiment personnel, quelque excusable qu'il fût, ne nous dicte pas cette affirmation : elle est entièrement vraie. La photographie se compose de deux opérations distinctes : la formation d'une image négative servant de cliché, et le tirage des épreuves positives. De là ressort pour le photographe artiste la possibilité de composer son tableau et de rendre la nature ou le modèle tels que son sentiment les lui montre. Qu'on nous pardonne de revenir en peu de mots sur ce que nous avons eu occasion de dire dans le salon de pose, la matière est assez importante pour excuser l'insistence de quelqes redites.

Lorsque, après avoir bien étudié la physionomie du modèle et s'en être pénétré, il l'a posé dans son atelier, ou qu'en face de la nature il a médité, s'est approprié le paysage, le point de vue, il étudie sur la glace dépolie l'image qui s'y produit, et cherche les combinaisons d'ombre et de lumière qui lui permettront de traduire de la manière la plus fidèle le tableau qu'il voit déjà tout formé dans son esprit; il calcule le ton, l'harmonie, la vigueur de ses effets, et lorsqu'il croit avoir ainsi réalisé cet idéal du beau qui est l'art, il laisse à l'instrument, au procédé, le soin de fixer l'image d'une manière durable.

Ainsi la pose, la combinaison des lumières et des ombres appartiennent bien au photographe, et on ne saurait nier que cela ne soit œuvre d'art, qu'il n'y ait composition. Évidemment nous ne voulons pas prétendre que le photographe crée à un point aussi grand que le peintre ou le sculpteur qui invente et groupe traits, scènes et personnages. Mais s'il a un domaine moins large, s'il n'a devant lui que la réalité, il en saisit le beau, le vrai, et ce beau, ce vrai qu'il idéalise, est le même pour lui que pour le peintre ou le sculpteur, comme eux il s'élève à la splendeur de l'idéal. Le modèle est devant lui comme la Galathée inerte, comme la statue aux doigts de Prométhée. C'est à son soufle, à son génie de lui donner l'expression et la vie. Aussi voyez les portraits du photographe artiste : ils rayonnent de lumière et de vie; est-ce que jamais crayon illumina aussi bien la tête idéale qu'il caressa?

L'homme a des aspirations infinies comme l'univers dont il est un atome, mais il n'a pour les traduire que des mots souvent mal définis, des formes imparfaites, des combinaisons fatalement bornées. Il se sent enchaîné à ce qu'il appelle la matière par son impuissance même, et, impatient de ces entraves, il maudit et méprise tout ce qui emprisonne son essor et accuse sa faiblesse. Il y a chez tout artiste en lutte avec sa pensée du sentiment de l'esclave qui aspire après la liberté, de la folie du rêveur qui se perd dans la vaine recherche de l'absolu : il voudrait séparer ce qui ne fera jamais qu'un dans son essence même, l'idéal et la réalité.

Idéal! rêve éternel et constante poursuite de l'art, but sans cesse aperçu et si rarement atteint par l'artiste! Dieu ne t'a-t-il pas disséminé un peu partout dans ses œuvres, n'est-ce pas toi qui nous rends la réalité charmante? qui sers de parfum à la beauté, qui donne la mélodie au chant, la poésie à l'amour, et n'est-ce pas folie de vouloir te chercher dans l'abstraction, lorsque partout on te trouve uni, inséparable de la réalité? L'artiste ne peut être un mangeur d'opium qui cherche le mot de la vie dans l'hallucination ou un extatique Hindou qui, le cerveau desséché par le soleil, attend que le rayon de la lumière mystérieuse jaillisse de son nombril. Peintre, sculpteur ou photographe, il s'inspire de la nature, du modèle, et n'a que la ligne, la forme et la couleur pour rendre ses idées. Phrynée servit de modèle pour l'Aphrodite, Œnone posa pour la Callipyge, Praxitelle ne créa sa Vénus, immortel chef-d'œuvre, qu'en idéalisant les beautés qui paraient le corps des vierges de Milo.

Le cliché obtenu le plus parfait possible, l'œuvre du photographe est à peine ébauchée, il reste à former l'image positive à tirer les épreuves. La lumière est un agent quinteux qui n'obéit jamais d'une manière complète à ses désirs. Une copie redressée et fidèle du cliché négatif serait presque toujours une épreuve mauvaise. Le premier soin de l'artiste est d'étudier minutieusement le cliché, d'en reconnaître le fort et le faible, car il lui est possible de modifier la venue de l'épreuve dans les parties faibles et dans les parties vigoureuses, et c'est de la part des soins de l'attention, du sentiment même que l'artiste apportera dans cette opération du tirage que dépendront la beauté, l'harmonie de l'épreuve. Là encore il peut, jusqu'à un certain point, corriger les défauts du modèle, en atténuant certains effets secondaires qui nuiraient à l'effet général, en mettant en relief certaines parties qui doivent attirer et dominer dans l'ensemble. L'image négative avait fixé la première idée de l'artiste. — C'est l'esquisse du peintre, la maquette du sculpteur. — Il la reprend, l'étudie, la caresse, et par un travail minutieux, attentif, plein de calculs, il la rend harmonieuse, parfaite dans l'expression et dans la forme.

Cette variété, cette richesse de tons et de nuances, cette finesse de lignes, cette harmonie de l'ensemble, cette vérité de la ressemblance, qui frappent surtout dans la photographie, le hasard ou l'instrument seuls ne les donnent jamais. Ingrate pour l'opérateur vulgaire, la photographie est un art plein de ressources pour l'artiste expérimenté. Il peut, lorsqu'il sait apprécier les effets de la nature et éclairer son tableau, en combinant les effets de la lumière dans son atelier et la mesurant dans l'instrument, suivant les perspectives qu'il veut reproduire, donner à ses épreuves les manières les plus différentes qu'aient trouvées les artistes les plus opposés de style, de tempérament, de manière. « Dans une suite de « vues photographiques, dit M. Louis Figuier, « on rencontre tour à tour un Van Dyck et un « Delaroche, un Metzu et un Decamps, un Titien

« Scheffer, un Ruysdaël et un Corot, un Claude « Lorrain et un Murillo. Ainsi la photographie est « venue consacrer des chefs-d'œuvre si opposés « dans leur manière, que l'opinion publique avait « successivement exaltés, et elle concilie, en les « justifiant, nos prédilections respectives pour « le style opposé des grands maîtres de l'art. »

Quelque grand qu'il soit, cet éloge est vrai. Un album photographique est aujourd'hui pour l'artiste peintre une source inépuisable d'enseignements qu'il chercherait vainement ailleurs, que le génie pourrait peut-être seul lui faire deviner en face de la nature. Une génération d'artistes a pu à peine profiter de ces études, et déjà on prévoit la réalisation de ces paroles de Delaroche : « En devenant populaires, les œuvres pho-« tographiques rectifieront le goût public ; elles « forceront le grand artiste de se surpasser lui-« même en mettant plus de précision, plus de « vie, plus de passion dans le tableau qu'il peint. « Elle rendra impossible l'existence à tout artiste « médiocre ; les gens du métier, les hommes « qui ne vivent que sur la pratique de l'état ma-« nuel, seront forcés de disparaître, leur œuvre « ne pourrait lutter avec la photographie sur

« papier, qui traduit la nature d'une façon si « admirable. »

Nul peintre, nous l'avons dit, ne voudrait aujourd'hui faire un portrait sans qu'une reproduction photographique ne guidât son pinceau, mais l'artiste ne tire pas encore tout le parti qu'il devrait de l'admirable instrument que l'invention de Daguerre lui a mis entre les mains. Nous avons assez fait ressortir le rôle de l'imagination, de l'idéal, dans la conception d'un tableau, pour ne pas être soupçonnés de vouloir remplacer le peintre et le dessinateur par le photographe, mais nous croyons que le rôle de celui-ci doit s'étendre et grandir. En voyant chaque jour les merveilleux résultats de l'art photographique, nous restons plus profondément persuadé : c'est l'art qui peut donner à l'homme les moyens les plus faciles et les plus fidèles de réaliser et de fixer par une œuvre durable les conceptions de son imagination et de son esprit, les impressions de son âme, de son intelligence et de ses sens. Qu'il s'agisse d'un paysage ou d'une figure humaine, les aspects, la physionomie de la nature sont excessivement mobiles : un nuage qui passe, chassé par le vent, une passion qui fait refluer le sang au cœur, changent l'expression du visage, l'aspect du paysage. Les impressions qu'éprouve l'artiste lui-même en face de l'objet qu'il étudie sont fugitives. On ne saurait voir les mêmes objets, les mêmes personnes pendant quatre ou cinq heures de suite de la même façon, moins encore pendant plusieurs séances. C'est en vain que la volonté, l'imagination s'efforcent de fixer, de graver, de sténographier ou de photographier en quelque sorte dans notre esprit l'aspect qui nous a saisi ou impressionné. Cette image superficielle s'efface bientôt sous le souffle d'une impression nouvelle, et nous restons avec le regret d'avoir perdu le sentiment de l'idéal perçu au moment d'une heureuse inspiration.

Le simple croquis que fait l'artiste au moment même où l'inspiration l'anime, où le dieu l'agite, n'est pas suffisant ; à peine donne-t-il les contours, indique-t-il les attitudes, l'arrangement des draperies, les plans des paysages ; la photographie donne au contraire, s'il s'agit d'un portrait, par exemple, l'attitude qui convient, le relief, les lignes du visage, la lumière qui l'éclaire, l'expression vraie et jusqu'au moindre pli du vêtement, et cela instantanément, à la minute favorable.

On l'a dit avec raison, la photographie ne ferait que rendre à l'art ces services que chacun proclame et se plaît à reconnaître, que son rôle serait encore immense; son œuvre est cependant elle-même encore plus belle, plus grandiose; elle fait faire passer dans l'âme, dans l'intelligence de ceux qui la voient, les impressions qui remplissent l'esprit de celui qui l'exécute; et c'est là le propre de l'art vrai, sa mission divine.

Mais qu'on ne l'oublie pas, l'art est le fait de l'homme et non celui de l'instrument du procédé. Si l'homme n'a rien au cœur, si sous son front rien ne couve, si son âme reste froide en face du modèle ou de la nature, l'œuvre reste morte; ce n'est plus une œuvre d'art, c'est un simple produit industriel plus ou moins parfait d'exécution.

FIN.

TABLE DES MATIÈRES

FIN DE LA TABLE

www.ingramcontent.com/pod-product-compliance
Ingram Content Group UK Ltd.
Pitfield, Milton Keynes, MK11 3LW, UK
UKHW031045260726
13965UKWH00006B/510